삐딱경제

여의도
밥집 시계는
왜
빠를까

삐딱경제 여의도 밥집 시계는 왜 빠를까

발행일   2015년 5월 4일

지은이   이 규 창
펴낸이   손 형 국
펴낸곳   (주)북랩
편집인   선일영   편집   이소현, 이탄석, 김아름
디자인   이현수, 윤미리내, 최연실   제작   박기성, 황동현, 구성우
마케팅   김회란, 박진관, 이희정
출판등록   2004. 12. 1(제2012-000051호)
주소   서울시 금천구 가산디지털 1로 168, 우림라이온스밸리 B동 B113, 114호
홈페이지   www.book.co.kr
전화번호   (02)2026-5777   팩스   (02)2026-5747

ISBN   979-11-5585-577-5 03320(종이책) 979-11-5585-578-2 05320(전자책)

이 도서의 국립중앙도서관 출판예정도서목록(CIP)은 서지정보유통지원시스템 홈페이지(http://seoji.nl.go.kr)와
국가자료공동목록시스템(http://www.nl.go.kr/kolisnet)에서 이용하실 수 있습니다.
(CIP제어번호 : CIP2015012502)

삐딱경제

여의도 밥집 시계는 왜 빠를까

이규창 지음

주가 2,000선은 대체 무슨 의미

출산장려운동=실업자양산운동

보수정부가 임금 인상을 요구하다

부자나라의 가난한 국민

점(占) 보러 다니는 CEO

북랩 book Lab

들어가는 글

친기업적인 보수정부가 하도급 계약을 감시하며 대기업을 못살게 굴더니 이제는 임금을 올리라고 압박하고 있는데 왜 그럴까. 일자리가 없어 아우성인데 정부는 왜 자꾸 애를 더 낳으라고 할까. 가계부채 문제가 심각한데 금리는 왜 낮출까. 나는 내 돈 주고 먹는 식당에서 왜 허겁지겁 끼니를 때워야 할까. 각종 국제행사를 유치하면 수조 원을 번다는데 그 돈은 다 어디 갔을까. 나누고 바꾸는 습관이 글로벌 기업을 망하게 할 수 있다는데 무슨 말일까.

자고 일어나면 발전하는 IT 기기를 따라가기가 점점 버겁다. 마찬가지로 경제 관련 현상도 계속 바뀌고 있다. 그러나 큰 패러다임의 변화 속에 우리나라는 제대로 적응하는 것 같지 않다. 적응은커녕 변화를 인식조차 못 하고 여전히 낡은 일기장을 꺼내보고 있다. 곳곳에서 갈등이 벌어지고 한참 철 지난 논쟁이 벌어진다. '그냥 시키는 대로 하면' 편할지도 모르겠지만 가끔 떠오르는 의구심을 떨칠 수 없다.

답답한 내부에서 벗어나 외부로 눈을 돌려보자. 현재 모범적 복지 국가라는 북유럽 외에도 다양한 국가에서 공존하는 경제활동에 대해 다양한 고민과 시도가 이어지고 있다. 자신이 조금 손해를 보더라도 다 함께 일하고 세금 내고 복지혜택을 누리는 방향으로 말이다. 대기업도 노동조합의 경영참여를 보장하고 기술을 공유하며 사회 환원을 통해 더불어 성장하려고 한다. 노조도 기업 경영진과 함께 성장을 고민하고 중소·벤처기업은 정부의 지원 속에 새로운 기술 개발에 몰두하고 있다.

우리나라는 어떤가. 여전히 낙수효과 논리가 경제 회복을 얘기할 때 맹위를 떨치지만, 대기업은 장기간의 경기 침체로 허리띠를 졸라매고 있다. 정부는 경기를 부양하기 위해 부동산 규제를 풀면서 다시 '폭탄 돌리기'가 시작되는 모양새다. 가계부채가 목구멍까지 찼는데도 다시 부동산 불패의 신화를 믿는 불나방이 모여들기 시작했다. 기준금리는 1%대로 떨어졌고 중앙은행의 발권력까지 각종 대출에 마구 동원되고 있다. 아직도 아리송한 창조경제가 센터를 짓는 등 호들갑이다. 복지가 곧 성장이라는 논리는 어김없이 증세 논란에 휘말렸고, 다시 어김없이 색깔론이 등장했다.

이 책은 주로 정부와 기업, 시장의 허와 실을 다루고 있다. 소위 경제 권력자를 향한 삐딱한 시선과 질문, 그리고 공존할 수 있는 경제를 위한 나름대로의 답이다. 그러나 경제 권력자가 변화를 따르지 못하고 있다지만 적잖은 국민도 정당한 경제활동에서 벗어나 있는 경우가 많다. 자영업자 중에 소득을 100% 정직하게 신고하는 비율이 얼마나 될까. 사람이 먹는 음식으로 장난치는 영세 식품업체나 음식점, 아르바이트생을 착취하는 사업주, 계약직이라는 이유로 책임의식 없는 직원, 좁은 재래시장 바닥에서도 벌어지는 갑질문화, 질 낮은 서비스, 세입자를 괴롭히는 건물주, 성수기에 어김없이 등장하는 바가지요금 등등. 이쯤 되면 공존이 아닌 공멸의 경제로 가고 있다고 봐도 되지 않을까. 경제의 중요한 부분을 담당하고 있는 금융상품도 함께 다루고 싶었으나 몇몇 훌륭한 기자들이 금융기관의 거짓말을 이미 알렸기 때문에 생략했다. 앞으로도 이러한 시도는 더 많아져야 할 것이다.

1부에서는 거시경제와 함께 우리나라에서 중요한 부동산 문제를 다뤘고, 2부에서는 기업과 금융시장, 부족하나마 산업 트렌드에 대해 실었다. 기자 시절에 썼던 칼럼과 시장에 몸을 던지고 난 후 블로그에 작성한 글도 일부 간추렸다. 당초 책 제목을 '상식이 통하는 경제'로 하고 싶었다. 하지만 경제 관련 질문에 상식적으로 할 수 있는 답도 우리나라에서는 삐딱한 시선으로 받아들여진다. 노점 상인들도 성장주의자들이 보수언론을 통해 심어놓은 틀에 갇혀 있다. 경제발전도와 규모를 볼 때 아직도 그 틀을 깨지 못하고 이처럼 치열한 색깔논쟁을 벌이는 국가는 우리나라가 유일할 것이다.

보수정부도 낙수효과에 기댈 수 없다는 점을 깨닫기 시작한 이때에 조화로운 경제를 위한 건전한 논의가 필요하다. 이 책이 다 함께 잘사는 복지국가 건설을 위한 모래 한 알이 되기를 바란다. 마지막으로 부족한 글에 기꺼이 삽화를 그려주신 K.M.께 감사드린다.

1부

보수정부가 기업에 임금을 올려주라고 함에 따라,
쥐어짜서 물건을 파는 수출이 성장의 유일한 수단이라는 인식도 조금씩 바뀔 것으로 보인다.
하지만 너무 느리다. 분배를 통한 성장을 더 빨리 추진하지 않으면 갈등만 심화되고 도태될지도 모른다.

나무늘보
경제는
멸종위기

'천지개벽' 보수정부가
대기업에 임금 인상을 요구하다

　우리나라에서 성장과 분배에 관한 논쟁은 단순히 보수정권과 진보정권의 경제정책에 국한되지 않는다. 나라를 둘로 쪼갤 수 있을 정도로 치열하다. 심지어 '나라가 잘살아야 국민이 잘살지'라는 아버지와 '성장 중심의 정책은 소수의 부자와 기득권의 배만 불린다'는 자식 간의 집안싸움도 벌어진다. 보수정권은 선진국으로 진입하기 위한 성장을 강조한다. 진보정권은 분배도 성장이라며 질적인 변화를 외치고 있다.

　단순히 정치권력에서 벗어나, 보수진영과 진보진영(보다 우측의, 보다 좌측의 주장은 논외로 하겠다)은 자신에게 유리한 해외 사례나 각종 경제 데이터만을 강조하는 경향이 있다.

　해외 사례를 보자. 보수진영은 그리스와 이탈리아 등 남유럽 국가의 예를, 진보진영은 핀란드와 스웨덴, 덴마크 등 북유럽 국가의 예를 주로 든다. 보수진영은 현재 남유럽 국가의 경제 위기가 복지정책에 기인한다며 퍼주기식 복지는 패망의 지름길이라고 강조한다. 반면, 진보진영은 북유럽의 모범적인 사회복지국가를 왜 외면하느냐고 따진다.

그러나 해외 사례만 놓고 보면 보수진영의 주장은 설득력이 떨어진다. 복지정책이 남유럽 국가 경제위기의 일부 요인이 될 수는 있으나 전부는 아니다. 불투명한 정치와 경제, 사회 속에서 급속하게 몸집을 불린 지하경제가 가장 큰 원인이다. 각국의 지하경제 관련 데이터가 일부 존재하지만 사실 추정 자체가 어렵다. 조사기관과 방법에 따라 편차가 크다. 그렇지만 남유럽 국가의 지하경제 규모가 크다는 점에는 이의가 없다. 프리드리히 슈나이더 오스트리아 빈츠 대학 교수의 분석 자료에 따르면 경제협력개발기구(OECD) 국가의 평균 지하경제 규모(1999~2010년)는 GDP 대비 17.9%인데 이탈리아는 26.9%, 그리스는 27%에 달했다. 우리나라도 26.3%로 추정돼 상당히 높았다. 일각에서는 남유럽 국가의 복지 수준이 다른 유럽 국가 수준의 세정 투명성만 확보하면 충분히 감당하고도 남는다는 분석도 있다. 혹시 수치만 보고 우리나라의 복지 확대에 대한 우려가 생길지 모르겠다. 그러나 다행히(?) 우리나라는 남유럽의 복지 수준을 따라가려면 아직 멀었다.

물론, 우리나라가 당장 선진국의 복지수준을 따라갈 수는 없다. 지하경제 규모나 국민소득의 문제가 아니라 복지를 대하는 준비부터 부족하다. 어릴 적부터 교육을 받은 북유럽 국가의 국민들은 어마어마한 세율을 감내하면서도 하다못해 기타를 치거나 피리라도 불지 않는 구걸 행위를 경멸한다. 책임 있는 복지에 대한 공감대가 형성돼 있다는 말이다.

우리나라는 어떤가. 가진 자는 포퓰리즘이나 퍼주기식이라고 맹비난하고, 없는 자는 조금씩 책임을 피하는 분위기가 퍼지고 있다. 여기에 색깔론까지 더해지면 본질은 사라지고 무차별적인 공격이 반복된다. 지정학적 상황과 맞물려 보수우익의 공격이 더 맹렬하고 강력한 것도 사실이다.

그런데 양 진영의 한 가지 공통점은 만고불변의 진리인 세금 인상에 대한 거부감이다. 상대적으로 많이 가진 보수진영은 진보진영에 '너희도 세금 올리는 거 싫잖아!'라고 외친다. 복지 논의는 제대로 된 복지제도를 구축하기도 전에 증세 프레임에 갇혀있다. 증세가 자신에게 혜택으로 돌아온다는 굳은 믿음이 있다면 모르겠으나 애석하게도 우리나라에는 정부에 대한 불신이 만연하다. 부유한 대기업과 영세한 자영업자, 고임금의 대기업 직원과 저임금의 중소기업 직원 등이 이 점에서는 일종의 공감대를 이루고 있다. 박근혜 정부가 부자증세가 아닌 간접세 등부터 손대면서 앞으로 복지 논의를 더 어렵게 했다.

희망적인 부분도 있다. 보수정권은 점점 더 복지정책을 보강하고 있고 진보정권도 기술적 분배를 통한 성장정책을 모색하고 있다는 점이다. 보수진영도 복지가 성장에 중요한 밑거름이라는 점을 부인하지 못하고 있다. 대놓고 복지라고 인정하지는 않았지만 소득재분배를 통한 성장을 모색하려는 시도가 곳곳에서 보인다.

특히 2015년 들어 보수정부가 최저임금을 비교적 크게 올리려 하고, 경제수장이 임금 인상을 요구하고 나서는 '신기하고 가히 역사적인' 일도 벌어지고 있다. 대기업에 대한 투자 압박도 전과 다르게 강하다. 갑작스러운 사정 정국도 지난 정권과의 단절 외에 대기업을 압박하려는 포석으로 풀이되고 있다. 물론 표를 의식해 늘리는 점도 있을 것이다. 대통령 공약인 '증세 없는 복지'를 실현하기 위해 임금 인상으로 세수를 확보할 목적이라는 비판이다. 투자가 위축되니까 어떻게 해서든 쌓아둔 유보금을 끌어내리려는 시도라는 해석인 셈이다. 그러나 배경이 뭐든 이러한 일련의 정부 움직임은 큰 변화라고 평가할 수 있다. 보수진영 내부에서도 당혹스러워하고 있다.

어쨌든 논란 속에 소득재분배와 복지는 조금씩 꾸역꾸역 확대되고 있다. 보수정부가 기업에 임금을 올려주라고 함에 따라, 쥐어짜서 물건을 파는 수출이 성장의 유일한 수단이라는 인식도 조금씩 바뀔 것으로 보인다. 하지만 너무 느리다. 여전히 복지를 조금이라도 더 강조하면 공격당한다. 또, 여전히 증세에 대한 공포심은 점점 확산되고 있다.

수많은 세월, 약육강식의 정글 속에서 느릿느릿 살면서도 버텨왔던 나무늘보가 자연환경 파괴 등으로 멸종위기에 몰렸다.

/

물이 떨어지지 않아
삶이 팍팍한데

　성장과 분배에 대한 논쟁은 건전하지만 우리나라는 성장론이 훨씬 우세하다. 정부와 대기업, 금융회사, 주류 경제학자로 비치는 관변 학자가 언론계에서 높은 시장점유율을 차지하는 보수언론을 통해 주입식 강의를 펼치고 있기 때문이다. 일부 오프라인 신문과 온라인 매체, 또 댓글 등에서 다른 목소리가 활발하게 나오면서 여론화시키고는 있어 논쟁이라도 겨우 붙이는 것이다. 그러나 힘에서는 밀린다. 시장에서 하루 벌어 하루 먹고사는 적잖은 서민들조차 '분배, 복지 = 빨갱이'라는 단단한 프레임에 갇혀있다. 이명박, 박근혜 정부를 관통하면서 좌파 하면 종북이라는 딱지까지 붙어 건전한 논쟁은 기대하기 어렵다. 보수언론은 지면이나 TV에 성장론자들을 출연시켜 슬쩍 분배를 끼워 넣어 서로 논쟁하는 것처럼 보이도록 착각하게 만든다. 그러나 결국은 목적대로 결론을 내린다.

　특히 높은 복지수준을 자랑하는 유럽 국가가 경제적 어려움에 봉

착하면 기다렸다는 듯이 집중포화를 쏘아댄다. 모든 것이 복지 탓이란다. 가장 큰 어려움에 빠져있는 그리스와 이탈리아의 경제위기도 복지 때문이라고 거품을 물었다. 이러한 그리스와 이탈리아는 현재 무엇을 하고 있을까. 복지를 엄청나게 줄였을까? 아니다. 지하경제와의 전쟁을 벌이고 있다. 탈세 부분을 집중적으로 공략하고 있는 것이다. 앞서 언급했지만 그리스와 이탈리아는 유럽에서도 손꼽히는 탈세의 천국이다. 일부 전문가는 이들 국가의 지하경제가 수치 이상으로 큰 규모라고 지적하고 있다. 중앙정부의 통제력이 약해 지하경제 규모를 추산하는 것조차 어렵다고 한다. 따라서 복지는 부차적인 문제다. 남유럽 국가들의 위기를 복지라고 밀어붙이기 어려우니까 이제는 높은 세율 때문에 지하경제가 팽창한 것이라고 한다. 아주 틀린 얘기는 아니다. 하지만 북유럽 국가를 보면 단지 고율의 세금만으로 지하경제가 커진다고 도식화할 수는 없다.

이런 지경이니 우리나라에서는 낙수효과(tricle-down effect)가 경제와 관련된 모든 논의를 지배한다. 낙수효과는 부유층의 투자와 소비 증가가 저소득층의 소득 증대로 이어져 전체 국가의 경기부양 효과로 나타난다는 뜻이다. 저소득층의 소비 증대가 전체 경기를 부양시킨다는 분수효과(fountain effect, tricle-up effect)와는 반대 개념으로, 한마디로 부자가 잘살아야 가난한 사람도 잘산다는 말이다. 일제강점기와 6·25전쟁 이후 찢어지게 가난하다가 압축성장을 통해 굶지 않고 이만큼 살게 돼 '감격'에 젖어있는 세대에게는 분배와 복지란 삶은 호박에 이도 안 들 소리다. 압축성장기 이전에는 거의 모두 가난했기에 일자리 창출을 통한 낙수효과를 체득할 수 있었다. 주입식 교육에 경험까지 더해져 단단한 틀을 국가와 개인이 무장하고 있는 셈이다.

백번 양보해서 지금까지는 그렇다 치고, 갈수록 확대되는 소득불평등은 낙수효과를 의심케 한다. 피라미드 형태로 잔을 쌓고 위에서 물을 부어도 윗잔만 채워질 뿐 내려갈수록 물이 기화되는 모양이다. 이명박 정부의 고환율정책과 부자감세정책이 대표적이다. 특히 고환율정책으로 수입물가 상승에 따른 소비자물가 상승이 나타났다. '물 떨어지기' 전에 서민들은 '물가 상승으로' 더 힘들었다(최근 저물가 현상은 경기 침체와 유가 하락의 영향이지 박근혜 정부가 서민을 생각한 것은 아니다!).

조사기관이나 방법에 따라 다소 다르지만, 2012년 기준 우리나라 소득 상위 10%가 전체 소득에서 차지하는 비중은 40% 중반대로 나타났다. 대표적인 소득불평등 국가인 미국(50% 내외)에 이어 OECD 국가 중 두 번째다. 정도도 문제지만 속도는 더 문제다. 아시아개발은행(ADB)에 따르면 1990년에서 2010년 사이 대표적인 분배지수인 지니계수 상승폭은 아시아 28개국 중 5번째로 큰 것으로 조사되기도 했다. 또, 2015년 초 한국은행 보고서에 따르면 2001년부터 2012년까지 연평균 가계의 소득 증가율은 5.7%로 기업의 소득 증가율 9.8%를 크게 밑돌았다. 한마디로 돈이 돈을 버는 현상이 갈수록 심화되는 것이다. 가난한 국민은 소득이 늘어나더라도 부유한 국민의 소득 증가율을 따라갈 수가 없다. 심지어 진보정권이라고 하는 노무현 정부 시절에도 빈부격차는 심해졌다. 이제는 소득불평등 요인을 줄여나가고 빈부격차를 줄여야 성장론자들이 좋아하는 성장이 가능한 시대다.

유럽 최고 석학으로 불리며 유럽부흥개발은행(EBRD) 총재를 지냈던 자크 아탈리는 지난 2007년 저서 『미래의 물결』에서, 전쟁으로 피폐했던 한국이 불과 30여 년 만에 경제대국으로 변모한 점을 높이 평가하면서도 사회적 불평등의 가속화로 이 같은 힘이 약화되고 있다고 주장한 바 있다.

이는 비단 좌파 경제학자들만의 주장이 아니다. 경제협력개발기구(OECD)는 지난해 말 보고서에서 지난 20년간 소득불평등이 갉아먹은 선진국 경제성장률이 최대 10%포인트에 이른다고 분석한 바 있다. 특히 많은 국가에서 소득 하위 10%는 경제성장 국면에서 더딘 소득 증가세를 보인 반면, 경기침체 국면에서는 가파른 하락세를 보였다고 전했다. 사실상 낙수효과를 부인한 셈이다. 국제신용평가회사인 스탠더드앤드푸어스(S&P)는 미국 경제회복의 장애물이 소득불평등이라고 지적하기도 했다.

그런데 우리는 부자감세, 서민증세를 추진하는 나라다. 또, 낙수효과에 기댄 경제정책으로 소득불평등을 심화시키고 있다. 지하경제 비중이 낮다고 볼 수 없는 우리나라도 전면적인 대책이 필요하다. 그러나 지하경제 양성화를 내건 박근혜 정부는 일단 손쉽게 월급쟁이 지갑을 털어간 뒤 담배에 붙는 세금 등 간접세를 올렸다. 첫번째와 두 번째 단추를 잘못 끼운 셈이다. 나머지라도 잘 맞춰야 할 텐데 말이다.

/
시끄럽지만 분배 있는
성장이 답

성장의 대가가 적기에 골고루 퍼진다면, 성장과 분배의 논란은 닭이 먼저냐 달걀이 먼저냐 논쟁밖에 안 될 것이다. 그러나 현실은 그렇지 못하다. 갈수록 부자가 더 '부~우~자' 되는 현상은 심화되고 그 떡고물이 조금씩 분배된다. 복지 확대의 필요성이 커지는 만큼 소득세율 조정으로 분배의 정의를 실현하고 재원을 마련해야 한다.

물론, 돈 많은 사람에게 세금을 더 많이 걷는 것만이 해결책은 아니다. 이에 앞서 가장 좋은 시나리오는 완전고용을 담보한 성장이다. 경제활동에서 소외된 계층이 줄어들수록 복지비용이 줄어들고 복지를 위한 재원은 늘어날 것이다. 경제성장만큼 고용이 이뤄지면 내수성장까지 이루는 선순환 구조를 그려낼 수 있다.

그러나 현실은 그렇지 못하다. 기술 발전, 특히 디지털 기술 발전은 더 적은 인원으로 더 많은 생산을 가능케 한다. 완전고용은커녕 아예 구직포기자만 늘어나고 있다. 매년 정부가 대기업을 중심으로 고용을 독려하고 대기업도 화답하는 모양새를 보이고 있지만, 잘나가는 몇몇 대기업을 제외하고는 뒤로 퇴직자도 끊임없이 양산하고 있다. 매년 인사철이면 기업 인사 관련 보도에서 '역대 최대 승진 잔치'라는 문구가 자주 보인다. 그러나 사실 이는 '역대 최대 퇴직 잔치'라는 의미다. 기존 대기업 위주의 경제구조로는 완전고용과 이를 담보한 성장이 불가능하다. 특정 대기업에 경제력이 집중될수록 국가의 경제구조는 취약하다고 할 수 있다.

이런 상황에서 균형적인 분배 있는 성장이 답이라면 차선책은 부자증세라는 방법밖에 없다.

물론 노력하지 않고 정부 탓만 하는 사람들에게 돈을 퍼부어댈 수는 없는 노릇이다. 더 많은 세금을 내는 사람만큼이나 받는 사람도 책임을 가져야 한다. 또, 일선에서 혼란이 있더라도 선별적 복지가 소득재분배 차원에서도 합당하다.

따라서 이러한 성장과 분배 논쟁은 색깔론만 빼면 시끄럽더라도 건전한 논의다. 논의 속에서 책임 있는 분배의 혜택이라는 철학도 공유된다. 이는 교육 현장에서도 이뤄져야 한다.

그러기 위해서는 정부부터 바뀌어야 한다. 일사불란한 일처리를 위해 코드인사도 좋지만 큰 틀에서 '토론이 있는' 정부도 필요하다. 과거 노무현 정부 시절 금융감독위원장 겸 금융감독원장을 맡았던 윤증현 씨는 몇 차례 강연에서 성장에 무게중심을 둔 내용으로 당시 청와대를 장악했던 386들을 자극했다. 분배를 중시한 정부 코드와 맞지 않기 때문이다. 심기가 불편한 386들은 여러 차례 대통령에게 금융감독수장 교체를 건의했던 것으로 알려졌다. 그러나 대통령은 이리저리 핑계를 대며 끝까지 신임했다. (이명박 전 대통령 시절에도 기획재정부 장관을 맡았다는 이유로 노 전 대통령 지지자들이 문상차 봉하마을을 찾아간 윤 씨를 문전박대했었는데 두 사람의 관계를 아는 사람들은 이를 상당히 안타깝게 생각했다.)

철학이 다른 두 사람이 함께 국정을 운영했다. 이것이 또 다른 답이지 않을까. 민주주의는 기본적으로 시끄럽다. 시끄러움을 감당하지 못하면 단지 입으로만 민주주의를 외친 것일 뿐이다. 물론, 건전한 논의 전에 이데올로기 싸움에서 언제 벗어날지 모르겠지만.

법인세를 올리거나 고소득자에게 더 높은 세율을 적용하면
소비와 투자가 위축된다는 게 보수진영의 단골 주장이다.
그러나 세금이 높아도 돈이 될 것 같으면
빚을 얻어서라도 투자하는 집단과 계층이 대기업이고 고소득자들이다.

세금의
거짓말

/

소득세, 법인세 올리면
투자가 위축된다고?

2015년 새해 벽두부터 담뱃값 인상과 연말정산 때문에 시끄러웠다. 2014년 서민증세라는 논란이 이어졌으나 야당은 대기업 비과세 감면 축소안과 '바터' 했다. 야당은 실질적으로 대기업의 세 부담이 커졌기 때문에 명분을 찾았다고 하지만, 단순하게 정치적 실익을 따지면 실패한 거래를 했다. 비과세 감면 축소안보다는 이명박 정부 때 내린 법인세율과 법인세 최저한세율을 올렸어야 했다. 또, 대기업의 투자가 위축된 상황에서 정부라도 나서서 투자를 해야 하고 늘어난 각종 예산 때문에 증세가 필요하다면 소득계층별로 형평성이 있어야 한다. 법인세뿐만 아니라 고소득자에게 세금을 더 걷는 소득세율 재조정이 필요했다. 담뱃값 인상 논란에 대해 부자들은 담배를 피우지 않느냐고 따지는 무식한 소리에는 답할 가치도 없다. 오히려 현 정부는 소비 진작 어쩌고 하면서 돈깨나 있는 사람들의 재테크 수단인 주식배당금 관련 세금을 덜 내도록 만들었다.

그런데 법인세를 올리거나 고소득자에게 더 높은 세율을 적용하면 소비와 투자가 위축된다는 게 보수진영의 단골 주장이다. 경제단체도 눈에 쌍심지를 켜고 반대한다. 과연 그럴까. 정부가 입맛에 따라 비교하기 좋아하는 OECD 국가를 봐도 법인세율(어떤 장관이 우리가 높다고 말했다가 거짓말로 판명되기도 했다!)과 고소득자의 세율이 낮은 편이다. 세금이 소득(또는 이익)의 절반 이상이면 모르겠지만 한마디로 헛소리다. 세금이 높아도 투자해서 돈이 될 것 같으면 빚을 얻어서라도 투자하는 집단과 계층이 대기업이고 고소득자들이다. 보수정부는 자신의 지지기반을 잃기 싫다고 하는 것이 훨씬 솔직할 것이다. 그런데 야당은 뭐 했는가. 어차피 부유층이 야당 지지기반도 아닌데 야당 자신들도 부자라서 그런가.

프랑스 '좌파' 정부가 고액 연봉 직원을 둔 기업에 최고 75%의 세금을 부과하는 부유세를 폐지했다고 해서 국내 보수 언론들이 기다렸다는 듯이 난리다. 투자 감소로 경제 침체가 장기화되고 벨기에 국적을 취득하는 부자들이 늘어나는 부작용도 곁들였다. 『21세기 자본』에서 글로벌 부유세를 제시했던 토마 피케티 파리경제대학 교수의 이론이 자국에서부터 들어맞지 않았다고 주장하기도 했다.

그러나 자세히 들여다보자. 최고 세율이 75%다. 우리나라 세율과 비교조차 되지 않는다. 그런데 부유세로 프랑스 정부가 거둬들인 세금은 지난 2013년과 2014년에 총 5천600억 원에 불과했다. 전체 소득세의 1%에도 미치지 못한다. 이 정도의 추가 세금으로 프랑스 경제 침체를 모두 설명할 수 있다는 말인가. 우선 프랑스 정부의 세원

조사부터 잘못됐다. 겨우 이 정도의 세수 확보로 '일부' 부자들의 심리를 불편하게 한 것이다. 세수 증대 효과는 크지 않고 프랑스 경제단체 등의 비판이 이어지면서 프랑스 정부가 '도루묵'이라고 했을 뿐이다. 그리고 피케티 교수는 소득 불평등을 해소하기 위한 '글로벌 부유세'를 제시했다. 그도 세금 인상(그것도 초고율 세금)이 자본 이탈을 가져올 것이라고 예상했다. 따라서 선진국들이 부유세를 걷어 자본 이탈을 최소화해야 한다고 주장했다. 부자들이 아직은 우주선을 타고 다른 행성으로 이민을 가지 못하기 때문이다.

언론과 학자들이 이러한 점을 알고도 부자 중세를 막기 위해 '프랑스에서도 외면받은 피케티'라고 한 것인지, 아니면 생각이 겨우 이 정도에도 미치지 못했는지, 그것도 아니면 처음부터 잘못된 이론이라고 주장하고 싶은 것인지 묻고 싶다.

그렇다고 세금 매기면
투자가 늘어나나

전술한 바와 같이 법인세와 고소득자의 세금을 늘린다고 투자가 위축된다는 것은 핑계다. 그런데 반대로 투자를 유도하려고 대기업 유보금에 대해 과세한다는 것도 코미디다. 정부가 기업의 사내유보금에 대해 과세하는 기업소득환류세제를 시행했다. 상장기업의 배당성향을 높이기 위한 조치이거나 세수 확대라면 이해하겠지만 정부는 분명 투자를 유도하기 위한 목적이라고 밝혔다.

적정 유보금에 대해 갖가지 분석이 있지만, 글로벌 기업일수록 각종 리스크에 노출돼 있어 재무완충력을 높여야 할 필요성이 커지고 있다. 해외 유수의 기업들이 M&A에 열을 올리고도 여전히 막대한 현금을 보유하고 있는 이유도 여기에 있다. 삼성전자를 애플이나 구글 등에, 현대자동차를 폭스바겐이나 도요타 등에 비교하면 오히려 재무완충력이 떨어진다. 대규모 리콜 사태, 예상치 못한 재해 등은 물론이고 한두 번 중요 제품군에 대한 마케팅을 실패하거나 기술

상용화 시기를 잘못 짚으면 대기업도 휘청한다. 거의 모든 업종에서 트렌드가 빨리 바뀌고 있기 때문에 항상 충격에 대비하고 있어야 한다.

또, 현재는 투자하고 싶어도 마땅한 투자처가 없다. 연기금, 은행, 보험 등 기관투자자들이 투자처를 찾지 못해 해외로 눈을 돌리거나 사모투자펀드(PEF)에 자금을 맡기는 이유처럼 자금력이 있는 대기업들도 정부 눈높이에 맞는 투자를 집행하기 어렵다. 지난 2008년 글로벌 금융위기 직후에도 인수합병(M&A) 시장에서 '좋은 물건'에 대한 수요는 얼마든지 있다. 그런데 '좋은 물건'이 드물다. 산소호흡기를 물고 시장에 나오는 경우가 대부분이다. 부실하지는 않지만 전혀 경쟁력 없는 사업을 붙잡고 있는 매물도 부지기수다. 어쩌다 우량 매물이 나오더라도 밸류에이션(기업가치)을 훨씬 뛰어넘는 가격을 감수해야 하는 경우가 많다. 모험가 정신을 발휘해서 '나쁜 물건'을 인수해 '좋은 물건'으로 만들어야 하지 않겠느냐고 하지만, 요새 경영진들은(그들 표현대로 하면 해석하기 나름인) 배임죄에 일종의 공포심을 느끼고 있다. 이른바 과감한 M&A에 나섰다가 '승자의 저주'로 무너진 일부 기업이 쏟아지면서 투자에 대해 신중한 분위기는 여전히 이어지고 있다.

한마디로 세금으로 압박한다고 해서 애먼 곳에 투자할 기업은 거의 없을 것이다. 물론, 임금이나 배당으로 자금이 유입돼 소비를 진작하는 효과는 있을 수는 있다. 그러나 기업들은 여기에도 상당한 부담을 느끼고 있다. 한 번 올린 임금이나 배당금은 기업이 어려워

졌을 때 낮추기가 정말 어렵기 때문이다.

사내 유보금 과세로 소비 진작 효과는 있을지 모르겠지만 투자 유도 효과는 기대하지 말아야 할 것이다. 대신 박근혜 정부가 역점을 두고 있는 국내외 투자에 대한 규제 완화에 더욱 역량을 집중하고, 상시 구조조정 시스템 강화 및 M&A 활성화 대책이 필요해 보인다.

그런데 더 웃긴 것은 부동산 취득은 투자로 보는 반면 해외 자회사나 M&A 지분 취득은 투자에서 제외했다. 해외 자회사는 그렇다 치더라도 M&A를 투자에서 제외한다는 것은 이해가 가지 않는다. M&A는 기업의 가장 큰 투자 행위다. M&A를 통해 기존 기업이 더 발전하거나 한계 기업이 생존의 길을 찾는다면 웬만한 투자 효과를 능가하게 된다. 정부 논리는 기존 기업을 인수하는 것이므로 신규 투자로 보지 않겠다는 것이다. 부동산은 시설 투자로 보는 모양이다. 누구 머리에서 나온 아이디어인지 모르겠다.

/
곳간이
줄줄 새는데

예산 낭비 관련 뉴스는 식상하다. 어제오늘 일이 아니고 우리나라만의 문제도 아니다. 연말 멀쩡한 보도블록 교체 공사는 여전하다. 한국인 비하 논란으로 시끄러웠던 지난 1993년 개봉작 『폴링다운(Falling Down)』에서 주인공 역을 맡았던 마이클 더글러스가 예산을 받기 위해 멀쩡한 도로를 공사하는 일에 분개하는 장면이 나오는 것을 보면 예산 낭비는 만국 공통의 문제일 것이다.

연말 각종 아웃소싱 업체에 '예산을 써야 하는데 아이디어 좀 달라'는 관공서도 많다. 예산을 쓰지 않으면 예산 배정이 이뤄지지 않기 때문이다. 국책은 물론 민간연구소가 연구개발(R&D)비를 타낸 후에 성과를 내지 못하는 경우도 많다. 정부 예산을 타내는 데만 온 힘을 집중하는 것이다. 최근 한 일간지 취재팀의 전수조사에 따르면 지난 10년간 정부는 R&D 사업에 140조 원이 넘는 돈을 쏟아부었다고 한다. 이는 국내총생산(GDP) 대비 세계 1위, 국가 예산에서 차지하는 비중 세계 2위에 해당한다고도 한다. 또, 한편으로는 원전 비리와 방위사업 비리, 4대강 사업 등등을 보더라도 피 같은 국민 세금이 줄줄 새고 있다.

현재 우리나라 정부 예산은 톱다운(Top-down) 방식이다. 이는 개별사업 예산―분야·부서별 예산―지출총액 순으로 이뤄지는 각 부처의 예산안을 심의해 예산을 정해주는 바텀업(Bottom-up) 방식과 달리 기획재정부에서 예산 한도 내에서 부처별로 자유롭게 예산을 편성하는 방식이다. 부처의 자율성을 높이고 결정 과정의 시간을 줄이는 효과가 있다. 예산 낭비를 막고 재정 건전성에 초점을 맞춘다는 목적도 있다. 지난 2004년 노무현 정부 때 도입됐다. 또, 당시 기획예산처는 톱다운 방식의 예산 배정 때문에 내심 청렴도에서 고질적으로 낮은 점수를 받아온 점도 개선되기를 희망했다. 예산 배정에 만족하지 못한 부처나 지방자치단체가 늘 예산처 직원들의 청렴도를 낮게 평가했기 때문이다.

물론, 예산 낭비가 방식의 문제는 아니다. 그렇다고 바텀업 방식으로 전환하는 것은 시대착오적이다. 비효율적이고 비리 문제는 더 심해질 것이다. 결국, 감사원 등의 현장 실사를 강화하고 엄격하게 제재해야 한다. 현재는 예산 낭비와 관련해 민간사업자에게는 담합 등에 과징금을 부과하고 입찰자격에 제한을 두는 등 제재를 하고 있으나 부처나 공공기관에 대해서는 소폭 삭감 정도에 그치고 있다. 예산이 낭비되면 '아이쿠' 소리가 나올 정도의 대대적인 삭감이 필요하다. 진행 사업이 무산되고 그에 따른 추가 예산 소요를 불러온다는 비판이 있겠지만, 엄격한 제재가 필요하다. 그렇지 않고서는 무한반복이다. 함부로 예산을 깎지 못하고 사업을 무산시키지 못할 것이라는 배짱부리기가 만연하기 때문이다.

또, 정부 입장에서는 R&D로 사용된 예산이 실제 성과로 이어지지 못하는 경우가 가장 고민스럽다. 문책을 하거나 다음 연구비용을 지원하지 않으면 국책이든 민간이든 R&D 자체가 위축될 수 있다. 따라서 일정 기준을 두어서 성과를 내지 못하고 돈만 타가는 '상습적인' 연구항목이나 단체에 제한을 둬야 한다. 심사 자체도 극도의 보안 상황에서 전문가가 심사토록 해야 한다. 국회가 선심성 예산을 배정하는 행위에 대해서도 정밀한 감시가 필요하다. 시민단체와 언론도 단발성에 그치지 않고 끊임없이 문제를 제기해야 한다. 예산 낭비 사례를 늘 게시해두는 것도 하나의 방법이다. 국방 부문도 예외를 두지 말아야 한다. 지자체 내에서도 마찬가지다. 낭비되는 예산만 막아도 재정 건전성이나 증세와 관련해 이 정도로 시끄럽지는 않을 것이다. 매일 터지는 비리와 예산 낭비 뉴스를 보고도 우리는 언제까지 '복지=증세' 프레임에 갇혀 있어야 하는가.

오른손이 일을 하지 않는다면
정부가 해야

성장과 분배, 그리고 증세를 언급한 김에 종교단체를 조심스럽게 건드려보자. 불교와 기독교, 천주교를 비롯한 수많은 종교가 '적어도 겉으로는' 이렇게 큰 잡음 없이 공존하는 나라도 드물 것이다. 다만, 선진국에서 많이 보이듯 빠른 경제발전과 높은 교육수준하에서 종교는 자연스럽게 위축된다. 실제로 우리나라에서도 주요 종교의 신도 수가 정점을 찍고 점점 줄어들고 있다고 한다. 그러나 여전히 대형 사찰이나 교회는 막대한 돈을 거둬들이고 있다. 이를 둘러싼 잡음도 심심찮게 들린다. 헌금 규모를 정확히 알기는 어렵지만 일각에서는 '종교단체가 이웃 사랑의 사명을 충실히 이행하고 있다면 우리나라에 적어도 끼니를 걱정하는 계층이 있을 이유가 없다'는 말도 있다.

따라서 종교인에 대한 과세는 조세의 형평성이 아니더라도 분배정의 실현 차원에서 필요한 일이다. 생계를 걱정하는 종교인이나 영세한 종교단체도 있는 만큼 소득세처럼 세율을 차등 적용하는 것도 방법이다. '용감한' 정부가 나서고 법안도 국회 발의됐는데 결국 일각의 반대로 유예됐다. 국회는 표만 생각하지 말고 법안을 통과시켜야 한다. 증세를 두고 갑론을박이 벌어지는데 종교인 과세가 이뤄지지 않는다는 것은 어불성설이다. 종교단체도 믿지 못하는 불신의 시대에 주변 일부 신도는 절이나 교회에 돈을 내지 않고 외부 봉사단체에 기부금을 내고 있다고 한다. 신도들조차 종교인 과세에 찬성하는 의견이 우세한 것으로 여론조사에서 나타난 바 있다. 유명 종교인들의 정치적 발언, 세습, 호화로운 생활 등을 보면 그들은 신과 전혀 소통하지 못하고 있으면서 설법이나 설교, 강론을 하고 있다. 바뀌지 않으면 앞으로도 다니는 종교단체에 돈을 낼 생각이 없다. 이들로부터 세금을 거둬서 정부가 분배를 실천해야 하지 않을까. 자신을 희생하며 봉사하는 종교인도 많지만 '소득이 있는 곳에 세금이 있다'는 조세의 정의는 예외 없이 실행돼야 할 것이다.

세계적으로 고용 없는 성장이 계속된다고 보면
출산장려운동은 실업자를 양산하겠다는 꼴밖에 되지 않는다.
과거 산아제한운동과 현재 출산장려운동의 배경에는
성장으로 부를 축적해야 하는 가진 자들의 논리가 변함없이 깔려 있다.

일자리 없어서
아우성인데
왜 애를 많이
낳아야 하나

실업률이
얼마라고?

소비자물가지수와 마찬가지로 현실을 반영하지 못하는 대표적인 통계가 실업률이다. 우리나라 실업률이 현실성 없다는 지적은 언론을 통해서도 수차례 나왔다. 그러나 정부는 묵묵부답이다. 언론이 때려도 상대방이 크게 대응하지 않으니 지속적인 이슈화도 되지 않는다. 정부는 혹시 사회불안을 걱정하고 있는지도 모르겠다.

우리나라 실업률은 3% 전후, 또는 3%대에 머무르고 있다. OECD 국가 중 가장 낮은 수준이다. 통계상 3% 미만이면 사실상 완전고용 상태다.

과연 그런가. 취업을 못 해 아우성이지 않은가. 실업률은 실업자 수에서 15세 이상 경제활동인구를 나눠서 구한다. 즉, 15세 이상 일할 능력과 취업할 의사가 있는 사람 중 직장을 구하지 못한 사람이 얼마나 되느냐이다. 가정주부나 학생, 미필자, 취업준비생, 고시생, 고령자, 장애인, 자선사업가, 종교단체 활동가는 비경제활동인구로 분류돼 계산에서 빠진다. 구직 기간 4주 내 한 번이라도 구직활동을 한 자 가운데 취업이 되지 않은 적극적인 구직자만 경제활동인구에 포함된다. 취업 준비를 하고 있는 적잖은 국민이 통계에서 제외되는 셈이다.

청년실업률에는 더 심각한 오류가 있다. 우리나라의 청년실업 연령 상한은 29세까지다. 그러나 선진국에서는 보통 24세로 규정돼 있다. 남자의 경우 군대를 포함해도 너무 높다. 나이가 많을수록 일자리를 포기했거나 취업할 확률이 커지게 되기 때문에 청년실업률이 낮게 나오는 것이다.

또, 우리나라 고용률은 60% 전후나 60% 초중반대로 OECD 국가 중 하위권이다. 실업률이 저렇게 낮게 나오면서 반대로 고용률 수치는 부진하다.

임시직이나 일용직 등의 불완전 취업자나 취업 준비자, 구직 단념자를 실업자로 간주한 체감실업률이 비교적 현실과 가깝다고 볼 수 있다. 통계청에 따르면 2015년 1월 체감실업률은 11.9%에 달한다. 청년층의 체감실업률은 20%를 넘는다고 알려져 있다.

필자도 취업 재수생 생활을 거의 1년 가까이 겪은 바 있다. 외환위기 시기에 졸업하는 바람에 원하는 분야에 1년 동안 원서도 몇 번 내지도 못했다. 분명히 일할 능력과 취업할 의사가 있는 실업자였는데 어느 시점부터 통계에서 빠져있었을 것이다. 당시 필자는 엄연한 실업자였다.

/

출산장려운동은
실업자양산운동

　실업, 특히 청년실업이 난리인데 국가는 생산성 저하를 넘어 국력이 약화된다며 출산장려운동을 펼치고 있다. 그러나 우리나라뿐만 아니라 세계적으로 고용 없는 성장이 계속된다고 보면 출산장려운동은 실업자를 양산하겠다는 꼴밖에 되지 않는다. 자영업자는 이미 포화상태다. 많이 낳은 다음에 양육비나 사교육비는 둘째 치고 성년이 됐을 때 일할 수 있도록 국가가 고용을 보장해주고 먹고사는 데 지장 없게도 해줄 수 있나.

　세계 곳곳에 생산기지를 둔 많은 글로벌 기업이 현재의 생산단계를 절반 이하, 또는 10분의 1 이하로 줄일 수 있는 설비 기술을 보유하고도 현지 고용 때문에 쉽게 도입하지 못한다고 한다. 해당 국가 정부 및 지방자치단체와의 갈등을 우려할 수밖에 없다. 그러나 기업들이 언제까지 혁신적 생산 기술을 썩히고만 있지는 않을 것이다. 글로벌 시장에서도 가격 경쟁이 심화되고 이익폭이 얇아지고 있기 때문이다. 새로운 기술과 제품이 수요를 창출해내며 자본주의의 생명을 이어가고 있으나 기술이 고용 없는 성장을 이끌며 사회 불안을 야기하고 있기도 하다.

예를 들어 스마트폰 혁명은 IT 분야에 새로운 형태의 창업과 고용을 이끌어냈다. 유수의 대학에서 물리학이나 화학을 전공한 수재들도 대박을 노리며 모바일 게임 업계에 대거 몰려들었다. 그러나 소위 말해 '대박' 난 업체는 얼마 되지 않는다. 취업문을 통과하기 힘들어 IT 분야에서 창업 또는 동업했다가 고등실업자가 되기도 한다. 어떤 대학을 나왔든, 어떤 일을 했든 결과는 '치킨집'이라는 자조 섞인 우스갯소리도 있지 않은가.

또, 젊은 사람도 일을 못 하는 데다 늙은 사람도 일찍 쫓겨나거나 설사 정년퇴임을 한다고 해도 늘어난 수명을 주체하지 못하는 시대다. 불투명한 미래에 생산성과 국력을 운운하며 애를 더 낳으라는 캠페인은 뭔가 이상하다. 물론, 청년층이 얇으면 노년층 부양에 더 큰 부담을 안기게 된다. 성장률도 떨어지고 연기금 운용에도 문제가 발생할 것이다.

인구 구조의 변화에 맞춰 정년을 늘리고 일본에서 성공적으로 운영되는 일부 기업처럼 노인을 적극적으로 고용하는 사례도 참조할 만하다.

인구가 감소하면 전쟁 때 총 들 사람이 없다며 국방력, 나아가 국력 약화의 예를 설명하는 말도 들어봤다. 그러나 현대 전쟁은 백병전이 아니다. 첨단 전투기 1대의 화력은 1개 보병 사단 이상이다. 땅도 좁은 나라에서 인구만 늘려서 중국과 인도를 따라잡기라도 할 텐가. 가뜩이나 세계적인 인구 폭발로 식량·식수 부족, 환경오염이 우려되는 불안한 미래에 애들만 낳으라고 할 텐가.

미국의 유명 저널리스트이자 교수인 앨런 와이즈먼은 저서 『인구 쇼크』에서 '저출산이 답'이라고까지 말했다. 그는 인구 증가가 환경 문제를 넘어서 생존 문제에 직면하고 있다고 주장하는 한편, 인구가 감소하더라도 국민 1인당 소득은 줄지 않고 귀한 노동력으로 인해 임금 인상, 근무시간 단축 등 복지 확대에 따른 성장이 가능하다고 봤다.

다시 복지국가의 모범인 북유럽 국가들로 눈을 돌려보자. 북유럽 국가들이 높은 GDP와 복지를 자랑하는 데는 상대적으로 적은 인구에도 원인이 있다. 덴마크와 핀란드 인구는 각각 약 500만, 스웨덴 인구는 약 1천만 명이다. 노동집약적 산업보다는 고부가가치 또는 하이테크 산업과 함께 농수축산업이 강하고 인구가 적으면 성장, 고용, 복지로 골치 아플 일도 적다.

피자 배달을 할아버지나 외국인이 하면 어떤가. 얼마 전 주유소에서 일하시는 학창시절 은사님을 우연히 뵀다. '아니 왜…'라는 말이 떨어지기 무섭게 '집에서 연금 까먹으면서 놀면 뭐하느냐, 일하는 것이 즐겁다'고 웃으면서 말씀하셨다. 모르는 사연이 있겠지만 행복해 보이셨다. 뭐 어떤가.

산아제한·출산장려운동의 노림수

'덮어놓고 낳다 보면 거지꼴을 못 면한다'(1960년대), '딸 아들 구별 말고 둘만 낳아 잘 기르자'(1970년대), '하나씩만 낳아도 삼천리는 초만원'(1980년대)

정부가 과거 산아제한정책을 쓰면서 내건 구호들이다. 그래서 하나씩만 낳았더니 한국인 멸종이라는 무시무시한 말까지 튀어나온다. 둘도 많다며 낳지 말라고 하더니 이제는 많이 낳으라고 난리다.

정부는 1950년대 중반 이후 출산율이 급격히 높아지자 산아제한정책을 썼다. 그러나 높은 출산율이 계속 이어지면서 1980년대에는 세 자녀 이상 가정에 주민세와 의료보험료를 추가하는 강수까지 됐다. 입에 풀칠하기도 힘든 가난한 나라에 '풀칠해야 할' 인구만 늘면 경제성장에 전혀 도움이 되지 않는다는 논리다. 국민을 굶길 수는 없으니 정부는 현재보다 더 막강한 권력으로 기업에 돈이나 일자리를 요구했다. 정부와 기업이 차관을 들여와 대규모 공사를 벌여 일자리를 마련하기도 했다. 값싼 노동력을 얼마든지 구할 수 있었던 정부와 기업 입장에서도 인구가 자꾸 늘어나면 자신들에게 부담이었다.

이제는 생산가능인구 감소에 따른 저성장, 국력 약화가 거론된다. 일할 사람이 줄어드니 인력 수입 정책이 보완되고 있다. 고령화 사회에 따른 청년층의 부담, 연기금 고갈은 전혀 새로울 것이 없는 구문이다.

그런데 다른 문제는 차치하고, 현재의 낮은 출산율은 양육 부담이 가장 큰 이유이기는 하지만 산업 고도화로 고용 없는 성장 시대에 맞는 것 아닐까. 또, 고학력 시대에 공장에서 일할 인력은 불편하더라도 수입하면 어느 정도 메울 수 있지 않을까. 정부와 기업은 남다른 교육열로 탄생한 고학력 시대에 맞는 산업 구조로 개편을 고민하면 되지 않을까.

정부로부터 고용 압박을 받는 기업에게도 인구 감소는 달갑지 않다. 국내 인력이 어느 정도 뒷받침돼야 경쟁을 통해 우수 인력을 뽑을 수 있다. 한 명이 아쉬운 상황보다는 누구를 고를까 고민하는 것이 공급과 수요 원칙에 따라 기업에 유리한 상황이다. 또, 기업을 경영하다 보니 수출 못지않게 중요한 것이 국내 소비, 즉 내수인 것을 깨달았다. 어느 시점부터 우리나라에서는 저축이라는 말이 사라졌다. 저축과 절약이 미덕이었다가 이제는 소비가 미덕이 됐다. 특히 가파른 성장을 구가하는, 또는 구가해야 직성이 풀리는 기업으로서는 내수가 중요하다. 선진국에서 온 외국인들은 우리나라에서 가장 놀라운 부분이 엄청난 소비력이라고 한다. 이런 상황에서 인구 감소는 내수 시장 위축이라는 달갑지 않은 부작용을 가져온다. 기업 입장에서는 험난한 수출 길을 계속 힘겹게 넓혀야 하는 것이다.

또, 인구 감소는 부자들에게는 무시무시한 자산 가격 폭락을 가져온다. 부동산을 예로 들어보자. 실수요가 뒷받침되지 않는 상황에서 투기수요만 많으면 어느 시점부터 부동산 가격 하락은 필연적이다. 부동산을 깔고 앉아있거나 부동산으로 돈을 불리는 부자 입장에서는 끔찍한 일이다. 부동산 시장뿐만 아니라 부자들의 돈 장사에 놀아나 줄 플레이어들이 필요하다. 주식시장에서 개미들이 있어야 기관들이 돈을 버는 것처럼. 초고령화 사회가 되면 청년층보다 소비에 인색한 노년층을 대상으로 장사해야 한다. 돈 벌기 힘들어지는 셈이다.

기업이나 부자들이 복지에 신경 써야 하는 이유도 여기에 있다. 적당히 나눠주지 않으면 소비가 이뤄지지 않는다. 그들이 원하는 소수의 부자와 다수의 서민 구조는 농업에 의존한 왕조 시대에나 유지된다.

산아제한과 출산장려에는 똑같은 성장주의자들, 부자들의 논리가 깔려 있다.

경제를 '계획'하지 않으면
실업은 해결하지 못한다

미국의 완성차 기업인 크라이슬러는 지난 2014년 미국을 시작으로 신형 중형 세단을 출시했다. 이 중형 세단은 약 10억 달러가 투자된 스털링 하이츠 조립공장에서 완전자동화로 생산된다. 조립과 도색까지 전 과정을 로봇이 담당한다. 앞서 언급한 생산기술 발전의 대표적인 예라고 할 수 있다. IT 기술 발전으로 금융회사의 지점은 계속 줄어들 것이다. 지점을 찾는 고객이 계속 줄어드는 상황에서 지점 유지비용이 부담스럽기 때문이다. 최근 한참 시끄러운 핀테크(Fintech)를 보자. 금융(Finance)과 기술(Technology)의 합성어인 핀테크는 모바일, 소셜 네트워크 서비스(SNS) 등을 활용한 새로운 금융서비스를 뜻한다. 스마트폰이나 PC를 이용하면서 은행 등 금융회사 지점에 갈 일이 점점 더 없어졌다. 이는 금융회사 인력 감축의 회오리가 될 것이다. 결국, 기술 발전은 모든 산업에 걸쳐 인력 감축으로 이어진다. 이러한 변화는 경제성장으로 일자리가 늘어난다는 시장

경제 신봉자의 신념이나 기술이 새로운 산업을 일으킬 것이라는 낙관주의자의 믿음보다 훨씬 빠른 속도로 진행될 것이다. 새로운 산업이 등장해도 취업 또는 창업할 수 있는 인력은 한정돼 있다. 아무리 경제가 활성화된다고 해도 고용 없는 성장은 피할 수 없다.

　방법은 있다. 경제 전체를 계획해야 한다. 이미 거의 모든 나라가 경제를 계획하고 있고 더 심하게 간섭하고 있다. 자유시장경제를 바이블처럼 여기는 우리나라도 마찬가지다. 한 대형 유통업체의 CEO가 우리나라를 수박에 비유한 적이 있다. 겉은 우파지만 속은 좌파라며 대형 유통업체 규제에 대한 불만을 표시한 것이다. 정부는 죽어가는 재래시장을 살리기 위해 대형 유통업체의 휴무일을 지정하는 등의 규제책을 시행했다. 또, 주차 부지 확보, 상품권 유통, 세금 혜택 등 재래시장에 대한 각종 지원책도 냈다. 정부는 넓은 주차장을 보유하고 다양한 상품을 비교 구매할 수 있는 대형 마트가 골목 상권을 침범해 서민 경제를 죽이면서 동시에 실업자를 양산한다고 판단한 것이다. 하나의 정부 주도 계획경제인 셈이다(보수정권은 '계획'이라는 말을 입 밖으로 꺼내지는 않겠지만 말이다). 이외에 중소기업 적합업종 지정과 같은 동반성장 정책도 계획경제의 예라고 할 수 있다. 건강한 경제를 의식했든, 표를 의식했든 말이다. 어차피 성장해가는 대형 유통사는 IT 기술 발전으로 상품관리 등에 효율화를 추구하면서 인력을 줄여나갈 것이다. 계산대에 로봇이 등장할지도 모른다.

　대형 유통업체들이 성장하면 고용이 늘어난다고 주장할지도 모르겠다. 또, 여전히 각종 규제 때문에 경쟁을 통한 성장이 저해된다고 할 것이다. 그러나 시장에서 나물을 팔던 할머니가 마트 직원이 될 수 있을까. 마트가 곳곳에 들어서면 고용이 늘어나겠지만 일시적일 뿐이다. 게다가 그 자리도 정부의 인력 수입 정책으로 외국인이 차지할 가능성이 크다. 참다못한 정부가 나중에 '강제로' 자국민 직원 수를 정해줄지도 모를 일이다.

재벌 해체와 관련해 뒤에 다루겠지만, 자유시장경제 옹호파의 논리에 따르면 대기업 위주 경제 구조가 될 것이다. 그러나 앞서 설명했듯이 이러한 구조는 고용을 악화시킬 가능성이 더 크다. 예를 들어, 대기업이 견딜 수 없이 고용 압박에 시달리면 가뜩이나 많은 문어발을 하나 더 늘리는 방향으로 갈 것이다.

장그래를 정규직으로…
그런데 나머지를 해고한다면

　박근혜 정부가 구조개혁 카드를 들고 나왔다. 이 가운데 노동시장 유연성 명분을 앞세운 노동 개혁에 대해 시끄럽다. 비정규직 보호 장치 마련과 정규직 과보호 해소 방안이 골자다. 일부 언론은 비정규직 보호 방안이 나오면 기업의 부담이 늘 것이라며 재계의 '격정'을 전했다. 그러나 이는 노동계의 눈치를 보는 않는 소리로 보인다. 정규직 해고 카드를 손에 쥘 경영자들은 표정을 관리하고 있지 않을까. 2015년 4월 초 현재 노사정위원회가 어떤 결론을 도출하든 '머리를 비상하게 돌려' 정규직을 해고하거나 비정규직으로 강등하는 사례가 일 잘하는 비정규직을 정규직으로 채용하는 사례보다 훨씬 많을 것이 자명하다. 경기침체도 장기화되고 점점 고용 없는 성장이 심화될 것이기 때문이다. 현재도 기업들은 '자유롭게' 해고하고 있다. 명예퇴직, 희망퇴직 등의 방법을 쓰고 있는데, 직장을 다녀 본 사람은 알겠지만 사실상 나가라는 눈치가 뻔하다. 현재 기업이 요구하고 정부가 수용하려는 노동 개혁은 명예퇴직, 희망퇴직을 실시하기 위해 들여야 하는 비용만을 줄이는 조치다. 또, 저(低)성과자 해고안은 여러 보완 장치에도 불구하고 우리의 대립적인 노사관계 등을 고려했을 때 악용될 가능성이 크다.

물론, 노동시장의 유연성은 필요하다. 철밥통 정규직, 귀족 노조는 분명 존재한다. 미국, 유럽 등 선진국에서도 해고와 재취업은 빈번하다. 실제로 우연히 알게 된 외국계 회사 임원은 "고용시장이 너무 경직돼 한국에 법인을 설립하면서 대부분 직원들을 계약직으로 채용했다. 미안한 마음은 있지만 어쩔 수 없었다"고 말했다. 외국계 회사에서는 "you are fired"라고 하면 끝이다. 출근길 회사 로비에서 다른 직원의 안내로 곧장 임원 방에 들어가 해고 통보를 받고 회사 보안 문제로 자신의 자리에 다가가지도 못한 채 짐을 우편으로 받는 사례도 있다.

노동생산성도 항상 도마 위에 오른다. 정부나 경제단체는 우리나라 생산성이 낮은 이유로 노동시장의 경직성을 꼽고 있다.

그러나 노동시장이 유연하다는 선진국에는 사회안전망이 갖춰져 있다. 실업급여 기간 및 금액, 재취업 여건 등에서 우리나라보다 월등하다. 그리고 복지수준도 한참 앞서 있다. 유럽 복지국가들에 비해 상대적으로 안전망이 부족한 미국은 높은 실업률뿐만 아니라 극빈층 증가로 골머리를 앓고 있다. 가장 큰 원인은 일자리가 늘지 않고 있기 때문이다. 실업에 대비한 안전망 등이 미비한 상황에서 노동시장의 유연성이라는 명분을 앞세워 해고부터 자유롭게 한다면 혼란이 벌어진다. 특히 기업(특히 대기업)은 비용을 절감해 당장 좋을 지 몰라도 내수 회복은 기대하지 말아야 한다.

사회안전망을 구축하는 일은 쉽지 않다. 많은 비용과 긴 시간을 감수해야 한다. 그런데 노동 개혁이라면서 고용보험제도 개선과 취업 알선 서비스 강화 등 약간의 장치로 해고카드부터 쥐여주면 부작용이 더 클 것이다.

전반적으로 노동생산성이 낮은 주요 원인은 익히 알려진 대로 저부가가치 서비스업 취업이 많기 때문이다. 제조업종 대기업의 생산성이 낮은 원인은 노동시장의 경직성도 있지만, 오너의 경영실패도 큰 부분을 차지한다. 약간의 지분으로 전체를 지배하고 자식에게 경영권을 물려주는 오너가 경영상 잘못 판단해도 경질되지는 않는다. 귀족 노조가 있다면 황제 경영인도 있다. 또, 설비투자가 제때 이뤄지지 않아도 노동생산성은 낮아진다.

정부는 노동계의 반발에도 개혁을 밀어붙일 것이다. 아마 처음에는 기업이 정부와 여론의 눈치를 보고 정부도 기업을 감시할 것이다. 비정규직을 정규직으로 전환하는 '미담 사례'가 대대적으로 선전될 것이다. 직장인의 속은 답답하겠지만.

'고령화 시대' 연기금에 대한 오해와 이해

　고령화 사회는 골치 아픈 문제점을 낳는다. 대표적인 문제점은 국민연금을 포함한 연기금 고갈과 이에 따른 재정 부담이다. 한마디로 받을 사람(수급자)은 많은데 낼 사람(납부자)이 적어진다는 것이다. 인구 구조가 고령화 사회로 간다면 연기금 문제를 해결할 뾰족한 방법은 없다. 수급연령을 높이고 현재보다 '더 내고 덜 받는' 방식으로 계속 고치는 수밖에 없다. 반발은 당연하다. 우리나라뿐만 아니라 각국 집권당이 연기금을 손질하는 데 주저하고 있다. 시급한 일이라고 인지하면서도 당장 표 떨어지는 일을 하기가 쉽지 않다. 그러나 주저할수록 미래의 재정 부담이 더 커진다. 앨런 와이즈먼은 인구 감소에 따라 줄어드는 기반시설 투자와 정부 예산으로 연금 문제를 해결할 수 있다고 주장하기도 했다.

　연기금에 대한 인식 변화도 필요하다. 공무원 연금 개혁으로 시끄러운데 특수직 연금은 어느 정도 노후 대비를 위해 설계됐지만 국민연금은 성격이 다르다.

국민연금은 노령연금과 함께 노후의 완벽한 보장이 아니라 최소한이다. 물가상승률을 웃도는 정도를 목표로 한 저축이다. 개인의 연금 저축을 왜 국가가 간섭하느냐고 따지는 말도 있다. 이렇게 하지 않으면 제대로 노후를 대비하지 않아서 최소한의 생계도 어려운 노인 인구가 늘어나 정부의 부담이 더 커지고 사회 불안 요인이 되기 때문이다.

정부의 잘못도 있다. 지난 1988년에 국민연금제도를 도입하면서 노후의 필수라는 측면을 강조했다. 마치 국민연금이 노후를 보장해주는 것처럼 과장 선전한 것이다. 그러나 복지는 다른 사회안전망과 함께 공적 연금 등이 어우러진 것을 의미한다. 특수직 연금이 아닌 전 국민을 대상으로 한 연금만으로 완벽하게 여유로운 노후를 보장하는 나라는 없다.

국민연금의 기금 운용에 대해서도 말이 많다. 정치인들은 국정감사 등에서 일부 투자실패를 추궁하고 언론은 대서특필한다. 투자 프로세서에 문제가 있다면 당연히 비판을 받아야 한다. 전체 기금 운용 수익률이 마이너스 내지는 물가상승률에 비해 크게 낮다면 오히려 보수적으로 투자 포트폴리오를 재검토해야 한다.

그러나 몇 번의 투자실패로 마치 기금이 빨리 고갈되는 것처럼 오해되는 면도 있다. 기금 운용을 통한 수익률로 연금 구조를 바꿀 수는 없다. 꾸준히 납입한 돈에 일정 수익률을 붙여서 되돌려줄 뿐이다. 국민연금의 기금 운용 수익률은 물가상승률 정도만 넘어서면 된다. 더 높은 수익률을 압박하면 더 위험한 투자처로 눈을 돌려야 한다. 기금 운용 안정성이 떨어지는 대가를 감수해야 한다. 현재 연금 수급자들 중 적잖은 수가 '젊었을 때 더 열심히 낼걸'이라고 말한다. 인구 구조 변화로 미래 수급자들이 현재보다 더 낮은 수익률로 돌려받겠지만 받을 때는 말이 달라질 것이다. 없는 것보다는 낫기 때문이다. 그런데 연금에 대한 불신보다는 정부 자체를 믿지 못하는 심리가 강한 것 같다. 이는 국민 탓도 아니다.

오늘도 우리는 빨리 맞춰져 있는 시계를 보며 허겁지겁 점심 끼니를 때운다.
식당 주인의 욕심 때문일까. 인건비나 식재료비 때문일까.
이는 어마어마한 임대료를 요구하는 비정상적인 부동산 시장 때문이다.

부동산 불패(?)
필패의 시대가 온다

여의도 밥집 시계가
빠른 이유

　여의도 식당들 벽에 걸려 있는 시계는 잘 맞지 않는다. 우연히 늘 빠르게 맞춰져 있다는 점을 발견하고 식당 다닐 때마다 시계를 살펴봤다. 정확히 맞는 곳도 있었으나 적잖은 수의 식당의 시계는 10분, 심한 경우는 15분에서 20분 정도 빨랐다. 가뜩이나 시간에 쫓겨 점심을 해결하는 직장인들에게 한마디로 빨리 먹고 나가라는 무언의 압박이다. 주로 금융회사 직원들로 붐비는 점심에 테이블당 적어도 2번, 3번까지 손님을 회전시키겠다는 뜻이다. 점심 때 낮술, 특히 소주를 팔지 않는 식당도 많다. 안주보다 비교적 저렴한 점심 메뉴로 술을 마시면 아무래도 식사 시간이 길어지고 그만큼 테이블 회전이 되지 않기 때문이다.

　이런 경험도 있다. 여의도에 뚝배기 불고기를 감칠맛 나게 내오는 밥집이 있다. 첫 직장을 다닐 때 자주 이용하던 식당이었으나 이직 후에는 여전히 여의도에서 일했음에도 더 이상 찾지 않았다. 웬만한 여의도 식당이라면 점심시간에 붐비기 마련. 사람이 많아서 출입문 옆에 있는 테이블에서 동료들과 식사를 하고 있었다. 이때 출입문을 열고 양복을 입은 손님들이 들어오면서 "자리 없어요?"라고 묻자, 모든 식당 주인이 늘 그렇듯 "곧 자리 납니다"라고 말했다. 손님들은 눈으로 내부를 대충 훑더니 오래 걸리겠다 싶었는지 나가려고 했다. 그러자 주인은 우리 테이블을 손가락으로 가리키면서 다급한 목소리로 외쳤다. "이분들 식사 다 하셨어요! 여기 바로 자리 나요!" 우리는 마치 '빨리 좀 먹으라'는 듯한 손님과 주인의 눈총을 맞으며 먹는 둥 마는 둥 허겁지겁 나올 수밖에 없었다. 밥 먹을 때는 개도 건드리지 않는다는데….

비단 여의도뿐이겠는가. 점심에 줄을 서야 하는 빌딩숲에 위치한 식당가에서는 종종 발생하는 일이다. 그렇다면 왜 이런 현상이 벌어질까.

단지 돈을 많이 벌고 싶은 주인의 욕심 때문일까. 공급과 수요의 법칙에 따른 횡포일까. 여의도에서 음식점을 하다가 폐업한 지인에게서 생생한 얘기를 들을 수 있었다. 메뉴나 식당 규모 등에 따라 다르겠지만, 점심에 테이블을 손님들로 모두 채운다고 해도 1회전으로는 유지가 불가능하다고 한다. 저녁에도 손님이 꽉 차면 간신히 유지는 가능하지만 큰돈을 벌기는 어렵다. 점심에 2회전 이상을 돌려도 저녁에 파리 날리면 겨우 본전치기나 한다는 설명이다. 점심 2회전은 물론 저녁에도 손님이 차야 돈을 만질 수 있다.

이는 인건비나 식재료비라기보다 여의도의 어마어마한 임대료 때문이다. 식당 주인은 금융회사 직원들의 연봉이 많은 편이라고 해도 월급쟁이들을 상대하므로 식대를 마냥 높일 수도 없다. 따라서 테이블을 줄기차게 회전시켜야 한다. 그러지 못한 식당은 문을 닫아야 한다. 거의 매일같이 기존 식당이 문을 닫고 그 자리에 또 다른 식당이 들어선다. 빌딩이 매일 들어서는 것도 아닌데 신장개업 전단은 오늘도 길거리를 어지럽히고 있다. 실패하고 나간 자리에 다른 자영업자가 부푼 꿈을 안고 또다시 개업을 한다.

식당 주인도 딱하지만 우리 역시 높은 부동산 가격 때문에 돈 내고도 식사를 마음 편히 못 하고 있다.

부자나라의
가난한 국민

　이명박 정부가 4대강 사업의 무리한 추진, 해외 에너지 투자 실패 등 여러 비판을 받고 있으나 잘한 점을 꼽으라면 부동산 시장 부양책을 섣불리 시행하지 않았다는 것이다. 노무현 정부의 잘못된 부동산 정책으로 과열됐던 시장이 2008년 하반기 글로벌 금융위기로 급격하게 식으면서 경제 전체에 충격을 줬다. 그러나 많은 가계 부채 등으로 부동산 시장 부양책을 냈다가는 더 큰 후유증을 겪을 것이 자명했다. 이명박 정부는 말 많고 탈 많은 4대강 사업으로 방향을 잡았다.

　'건설·부동산의 경기 파급효과를 알고서 그런 소리 하느냐'며 따질 사람도 많을 것이다. 또, '주택시장 침체는 많은 주택을 갖고 있거나 돈을 굴려야 하는 부자들뿐만 아니라 하우스푸어에게도 큰 고통을 안기고 있다'는 주장도 있을 것이다. 노무현 정부 후반기에 '부동산 불패 신화'만 믿고 재테크할 요량으로 꼬박꼬박 모은 월급에다

은행 대출까지 끼워서 집을 샀다가 시장이 급속하게 위축되면서 아직까지도 낭패를 보고 있는 국민이 적지 않다. 상위 10%의 부자뿐만 아니라 적잖은 국민이 빚내서 부동산 투자 광풍에 동참한 것이다. 가격도 안 오르고 팔지도 못하는 채로 비싼 대출이자만 꼬박꼬박 내려면 울화가 치밀 것이다.

그러나 넓고 길게 생각해보자. 박근혜 정부 들어 부동산 관련 규제가 풀리고 있다. 특히, 수익형 모기지론 확대, 이른바 뉴스테이 정책 등 빚내서 집을 사라고 권유한다. '불어터진 국수'라는 부동산 3법도 통과됐다. 재건축과 재개발 바람이 다시 불고 있다. 통화당국을 압박해 기준금리까지 1%대로 낮췄다. 그래서 아파트 가격이 계속 오르고 매매도 활발하게 이뤄진다고 치자. 이미 저금리 하에 전세금이 미친 듯이 오르면서 월세로 전환하거나 빚내서 집을 사야 하는 상황이 발생하고 있다. 이제 낌새가 보이면 바로 움직이는 투기수요가 들어오면서 아파트 가격 상승이 가속된다. 그다지 부자라고 할 수 없는 월급쟁이 가정도 재테크 차원으로 빚내서 아파트를 산다.

이처럼 시장이 과열되면 정부는 가격 안정화 카드를 만지작댄다. 그럴 때 내놓는 단골 대책이 아파트 공급을 늘리는 것이다. 덧붙여 다시 규제 카드를 꺼내 든다. 가격이 잡히면 또다시 하우스푸어들을 양산하고 여러 채를 매입한 부자도 어려움을 겪는다. 물론 아파트 가격은 폭락하지 않을 것이다. 가계부채 때문에 불안하지만 인구 구조가 아직까지는 뒷받침하고 있다. 또, 손해 보고 팔기는 누구나 싫기 마련이기 때문이다. 아파트 가격은 주춤할지언정 장기간 그래프를 그려놓으면 계속 계단식으로 상승하게 된다.

적어도 현재까지는 이런 움직임이었다. 집을 사기 어려워진 국민은 임금 인상을 요구하고, 기업은 임금 인상분을 제품 가격에 반영해 덩달아 다른 물가도 오른다. 그러나 임금 인상분으로 아파트 가격을 잡기는 역부족이다. 집 사기는 여전히 어렵다. 일본처럼 대기업 중역이 도쿄의 개미집 같은 아파트에서 사는 일이 우리나라에서 발생할 수도 있다. 또, 이런 가격 상승 시기가 지나면 아파트 가격이 비교적 크게 떨어지고 매매조차 중단된다. 수익형 모기지론을 이용해 집을 산 사람과 은행 간 갈등도 고조된다. 여기저기서 파산하고 이를 담보로 잡아 돈을 빌려준 금융회사도 울기 시작한다. '누가 꼭지를 잡느냐, 나만 아니면 돼'라는 폭탄 돌리기가 반복되는 셈이다.

정부가 부동산 활성화 대책을 내놓으려면 부작용을 제어할 자신이 있을 때 해야 한다. 매매가 활성화되고 가격이 올랐다가 급격하게 꺾이면 부작용은 이전보다 훨씬 커진다. 그래서 박근혜 정부 2기 경제팀의 부동산 규제 완화를 우려스럽게 볼 수밖에 없다. 규제를 푸는 방향으로 대책이 나오던 초기에는 호가만 오르거나 가격 상승을 예상해 매물이 자취를 감추면서 부동산 시장이 과열되는 현상은 보이지 않았다. 집을 사려는 사람도 별로 없었다. 학습효과인지, 꾸준한 공급으로 가수요를 받쳐줄 실수요가 부족한 것인지는 고민에 빠졌다. 일단 눈치 보기로 정책에 대한 답을 했다. 그러나 다시 조금씩 거래량이 늘고 가격도 오르고 있다. 가계 부채 부담으로 광풍까지는 아니더라도 어느 정도 바람은 불 조짐이 보인다.

하지만 부동산 시장의 가장 좋은 시나리오는 매매가 활성화되더라도 가격은 극히 제한적으로 상승하는 것이다. 무척 어려운 일이다. 그렇다고 섣불리 활성화 및 안정화 대책을 꺼내 들면 중장기적으로는 상황만 악화시킬 뿐이다. 만약 부동산 거품이 꺼지지 않고 이런 식으로 간다면(또, 출산장려운동이 성공을 거둔다면!) 비교적 고연봉자도 일본 도쿄의 성냥갑 같은 집에서 살아야 할지도 모른다. 일본이 하나도 부럽지 않은데 말이다.

부동산 가격
폭락은 온다

더 급진적인 생각을 해보자. 외국인을 받는 적극적인 이민 정책을 쓰지 않는다면 앞으로의 인구 구조로는 부동산 가격이 하락할 것이다. 노동력을 팔기 위한 이민자도 부동산 시장을 받치기는 역부족일 것이다. 부자들이 아파트 열 채를 사놓고 매일 이집 저집 살지 않는 이상, 또, 더 이상 아파트를 공급하지 않고 기존의 오래된 집을 때려 부수지 않는 이상 부동산 가격은 떨어져야 정상이다. 가수요도 실수요가 뒷받침돼야 버틸 수 있기 때문이다.

예를 들어 저금리로 시중에 돈은 많은데 마땅한 투자처가 없으면 적잖은 자금이 이리저리 돌아다니다가 가장 안전하다는 '월세 받아먹기'에 나설 것이다. 일단 아파트보다는 빌딩을 사는 편이 낫다. 그러나 대기업 위주의 경제에서 벗어나 창업이 많아진다고 해도 생산가능인구가 줄어들면 공실률이 늘어나게 된다. 월세가 줄면 빌딩 가치도 떨어지게 된다. 손해 보고 팔 수는 없어서 일단은 버틴다. 떨어지지 않는 가격에 투자처를 찾지 못한 투자자가 다시 사기도 한다. 그러나 빚을 끌어다 빌딩을 산 사람들은 버티다 못해 급매 처분에 나서기 시작할 것이고 빚이 없더라도 기대했던 수익을 얻지 못한 투자자 역시 다른 길을 모색할 것이다. 어떤 트리거가 발생하면 연쇄적인 반응도 발생할 수 있다.

이러한 시각은 장기적인 저금리하에 시중 자금이 부동산 등에 몰리면서 이미 꺼졌어야 할 가격을 받치고 있다는 분석에 기초한다. 부동산뿐만이 아니다. 비슷한 이유로 미국 월스트리트의 비관론자로서 '닥터 둠'으로 불리는 누리엘 루비니 뉴욕대학 교수는 미국의 여러 자산 가격 폭락을, 마크 파버「글룸, 붐앤둠」발행인은 미국 증시 폭락을 각각 예상하고 있다. 미국은 글로벌 금융위기를 초래한 서브프라임 모기지 사태를 해결하면서 막대한 공적자금을 쏟아 부은 바 있다. 어디 미국뿐이랴. 좋을 것 없는 글로벌 경제 상황에서 주요국의 주가지수가 꿋꿋이 버티는 것도 버블로 볼 수 있다.

자산 가격 폭락은 상당히 고통스러울 것이다. 앞서 언급한 바와 같이 부동산 가격이 폭락하면 개인 파산은 물론 담보 가치 하락으로 이어져 금융회사들도 부실해진다. 이미 침체된 소비는 더욱 위축될 것이고 연쇄적인 내수 위주의 기업 파산도 벌어질 수 있다. 물론, 진정한 부자들은 어려울 때 기회를 찾기 때문에 급락한 자산을 주워담으면서 일종의 방어선이 형성될 수는 있겠지만, 한번 붕괴된 경제시스템을 복구하는 데는 상당한 시간이 소요된다.

상상하기 어려운, 아니 상상조차 하기 싫은 무시무시한 시나리오지만 그런 고통의 터널을 지나면서 삶의 질에 대한 성찰이 이뤄지면 더 나은 경제시스템을 구축할 수 있겠다는 기대도 해본다. 작게는 부동산 가격 하락으로 집값이 싸지면 과거처럼 십수 년을 꼬박꼬박 저축해봐야 서울에 작은 아파트 한 채 마련하기 힘들었던 현실이 바뀔 수도 있다. 아니면 쇼크를 받은 서민들이 집 사기를 거부할 것이다. 내 집 마련 부담을 던다면 삶의 질이 더 나아지지 않겠는가. 이런 움직임은 현재 전세 품귀 현상으로 이미 벌어지고 있다. 많은 종류의 자산 중 부동산을 주로 거론했는데 이는 여전한 우리나라의 부동산 쏠림 현상 때문이다. 부동산 폭락은 한 번쯤 발생할 것이다. 아니 한 번쯤 와야 한다. 가장 좋은 시나리오는 거품이 서서히 빠지는 것이지만, 부동산 시장은 심리에 좌우되고 합리적으로 움직이지 못하는 경우가 더 많다. 부동산 시장의 거품 해소는 이루 말할 수 없이 고통스럽지만 현실을 정상적으로 돌리는 일이다. 현실이 오히려 비정상적이다.

'집 사세요, 건물 사세요'
언론의 부동산 띄우기

극심한 침체기에 동네 부동산 중개업소들은 파리 날리고 있는데 언론은 부동산 투자를 계속 권유한다. 약간의 가격 상승을 대서특필하거나 상승 조짐이 있다고 부채질한다. 분양시장의 과열을 걱정하기보다는 투자를 서둘러야 한다고 열심히 불을 땐다. '섹시한' 제목을 달아 빚을 얻어서라도 투자하지 않으면 큰 손해를 볼 것 같다는 생각마저 들게 한다. 이유는 간단하다. 광고 때문이다. 부동산 광고는 언론사의 큰 돈줄이다. 부동산 시장의 커다란 경제적 파급력이 언론사 살림에도 예외 없이 적용되는 것이다. 특히 건설사는 다른 업종의 기업보다 손이 크다. 씀씀이가 여느 업종에 비교해도 화끈하다. 따라서 아예 부동산 정보 사업을 하는 언론사도 있다. 가끔 정부가 과장된 부동산 투자 광고를 단속하는데 사실 언론이 더 문제다. 투자 적기라는 말은 마치 매일 '폐업 세일'을 써 붙이는 옷가게와 하등 다를 바가 없다. 박근혜 정부가 부동산 관련 규제를 풀고 부양 카드를 내보이면서 언론이 다시 불을 지피고 있다. 지면상으로는 부동산 거래가 조금씩 늘어나고 가격도 서서히 오르고 있는데 이미 과열된 것처럼 보인다. 그러나 똑똑해진 부동산 수요자 및 중개업 종사자들과의 괴리만 커질 뿐이다.

시장은 항상 실패한다. 이유는 간단하다.
전체를 보지 않고 이익 극대화만 추구하기 때문이다.
금융시장이나 부동산시장만 보더라도 돈의 쏠림에 의한 부작용을 지겹게 목격할 수 있다.
과거 카드채 사태처럼 가계부채 사태가 언제 벌어질지 모른다.

실패의
무한반복

/

정부와 시장은
늘 실패한다

부동산보다 이슈가 잦지는 않지만 금융과 산업 부문에서도 정책이나 시장의 실패는 항상 일어난다. 2000년 초반 정부 관계자 방에서 이런 말이 흘러나왔다. "투신사(현재 자산운용사)에 전화 돌렸어? 다시 한 번 돌리고 오늘 시장 받치지 않으면 가만히 두지 않겠다고 해." 이 관계자는 바깥에 필자가 있다는 비서의 말을 듣고 화들짝 놀라며 제발 듣지 않은 것으로 해달라는 부탁을 받았다. 용건이 끝나고 자리에 돌아와 종합주가지수를 봤다. 만약 투신사가 순매수해 지수가 반등하면 기사를 쓸 참이었는데, 그날도 지수는 떨어졌고 투신사는 당일도 그 다음 날도 순매도를 나타냈다. 관치의 힘이 선배들로부터 듣던 예전만큼은 아니었다. 물론, 관치는 아직도 여기저기 영향력을 발휘한다. 정부 출신 낙하산이 가장 효과적이다. 그다음은 감독기관을 앞세워 조사하는 방법이 있다. 털어서 먼지 나오지 않는 법은 없다. 국세청과도 공조한다. 주로 금융회사는 금융감

78 뻬딱경제 여의도 밤집 시계는 왜 빠를까

독원, 기업은 국세청 식이다. 때로는 공정거래위원회, 심지어 검찰도 동원된다. 제도나 규정을 바꿔 관의 힘을 보여주기도 한다.

이러한 정부의 간섭을 최대한 배제하려는 주장은 자유시장경제를 외치는 보수주의자나 신자유주의자에게서 목적과 개론에 이견이 있을지언정 비슷하게 나온다. 이들은 정부의 개입을 완전히 부정하지는 않는다는 점에서 고전주의 경제학과는 다르지만, 자유시장, 규제 완화 등을 내걸고 합리적인 시장 메커니즘을 신뢰한다.

그러나 시장은 항상 실패한다. 이유는 간단하다. 전체를 보지 않고 이익 극대화만 추구하기 때문이다. 금융시장이나 부동산시장만 보더라도 돈의 쏠림에 의한 부작용을 지겹게 목격할 수 있다. 과거 카드채 사태처럼 가계부채 사태가 언제 벌어질지 모른다. 주식이나 채권시장, 외환시장, 파생상품시장에서는 항상 쏠림에 의한 부작용이 발생했다. 이러한 모습은 실물시장에서도 목격된다.

중소기업인 A사는 다른 기업이 생각하지 못한 소재로 신제품을 만들었다. 사실상 해당 시장의 개척자였다. 차입을 통해 TV 광고도 하고 물건도 날개 돋친 듯 팔려나갔다. 언론에서도 이 성공사례를 자주 지면에 실었다. 그러나 같은 업종의 대기업이 새롭게 형성된 시장을 가만 놔둘 리 없었다. 히트작이 나오면 아류작이 나오듯이 특허 침해 논란을 절묘하게 피해가며 재빠르게 신제품을 내놓았다. 효능은 비슷하지만 소재와 배합 비율을 다르게 가져간 것이다. 연구소와 제조시설과 막강한 자본력을 보유한 대기업은 광고 물량 공세와 더불어 상대적으로 저렴한 가격을 내세웠다. 여기에 성이 차지 않았는지 주요 판매처에 압력을 넣었다. 결국 오프라인 매장에서 밀린 중소기업 제품은 인터넷으로나 구입할 수 있게 됐다. 자신이 만든 시장에서 점유율 한 자릿수라는 초라한 처지가 된 것이다. 현재 해당 기업은 매출과 수익성 감소로 정면 돌파냐 해외 매각이냐의 기로에 서 있다.

이뿐만 아니다. 중소기업의 인력과 기술을 빼 오는 일은 거의 일상사다. 법정으로 가면 지난한 싸움을 벌여야 한다. 대기업이 주장하는 해당 기술의 범용화, 우수 인력 스카우트 논리 등 법정 싸움에서 이기기도 쉽지 않다. 비싸고 우수한 변호사와 공방을 벌이기도 힘겹다. 그 와중에 버틸 힘이 없는 중소기업은 맥없이 무너진다.

자유방임을 주장하는 쪽에서는 A사가 무너지는 것을 시장 원리로 볼 것이다. 시장을 장악한 두 대기업은 제품 가격을 조금씩 올리기 시작했다. 1등과 2등 대기업 간의 경쟁으로 시장이 재편됐다. 그런데 이런 식이면 소수 대기업으로의 경제력 집중과 소득불평등이 심화되고 중소기업은 모두 하청업체로 전락할 것이다. 재벌과 대기업 중심의 경제구조는 언뜻 강해 보이지만 사실 그렇지 못하다. 최근 수년간 동양, 웅진, STX그룹이 해체 수순을 밟았으나 이를 소화해낼 정도로 우리 경제의 내성은 강해졌다. 그러나 만약 삼성과 현대자동차그룹 등이 무너지면 견딜 수 있을까. 과거 대우 사태와는 다른 차원의 문제다. 이처럼 시장은 늘 실패한다.

그렇다면 다시 처음으로 돌아가서 관치를 보자. 정부의 개입은 옳을까. 사람들은 관치에 대한 거부감을 가지면서도 은연중에 정부 개입을 당연시하고 있다. 부실 문제가 터지면 정부는 뭐 했느냐는 식이다. 따라서 정부는 계속 개입하고 있다. 특히 시장의 실패로 인한 문제가 발생하면 대책 때문에 정부의 영향력이 더욱 커진다. 이후 어느 정도 안정되면 다시 규제를 풀라고 요구한다. 계속되는 반복이다. 그렇다고 제일 처음 예를 들었듯이 인위적인 부양으로 존재감을 드러내기를 '좋아하는' 정부가 개입하는 것은 또 다른 문제를 야기한다. 투신사가 만약 정부 당국자의 요구에 납작 엎드려서 주가를 받쳤다고 치자. 나중에 손실이 나면 누가 책임지겠는가. 과거 은행 부실에는 정부나 정치권의 책임이 없었을까. 대출해주라고 요구했던 인사들은 은행 부실 문제가 터지자 나 몰라라 하고 얼굴을 돌렸다. 또, 당연히 시장 혼란을 싫어하는 정부가 산업 구조조정을 주도하는 경우도 있었다. 김대중 정부의 '빅딜'이 대표적이다. 대우그룹 처리는 여전히 개운치 않다. 그렇다고 부실기업을 살려주는 데 급급하면 모럴 해저드가 발생한다. '대마불사'라는 말까지 있지 않은가.

정부와 시장은 늘 실패한다. 경제사조라는 고전주의, 신고전주의, 수정자본주의, 신자유주의, 좌파적 신자유주의 등등은 지난 체제에 대한 비판에서 출발했다. 경제 현상을 설명하는 세련된 기법은 계속 발전하고 있기는 하지만 아직 정답이라고 할 만한 '주의'는 없다. 혹자는 제대로 실천하지 않아서 실패한 것이라고 할지도 모르겠다. 그러나 '주의산만'한 살아있는 생물 같은 경제가 의견 통일도 되지 않는 경제사조를 순순히 받아들일 리 만무하다.

/

'비싸도 산다, 비싸서 산다(?)'
소비자의 실패

자국이나 주력시장보다 훨씬 비싼 값으로 자동차를 파는 글로벌 완성차 기업, 세계에서 가장 비싼 수준의 커피를 마시게 하는 글로벌 커피 브랜드, 해외에서는 중저가 수준인 브랜드를 명품으로 인식되도록 만든 해외 패션 기업 등등. 우리를 '호갱(호구+고객을 뜻하는 신조어)'으로 만드는 외국계 기업을 자주 보게 된다. 국내 시장에서 독과점 지위를 가진 대기업도 마찬가지다. 해외 판매가보다 훨씬 높은 가격으로 내수 제품을 팔기도 한다. 그렇다면 이러한 기업들이 잘못했을까. 이윤을 추구하는 기업의 잘못이라기보다는 부동산 시장처럼 우리 소비자들의 잘못된 선택으로 초래된 일이다. 관세나 높은 임대료 및 중간 유통 마진 등에도 원인이 있겠으나 가장 큰 원인은 터무니없이 비싼 가격으로 기꺼이 물건을 산 소비자들의 실패다.

물론, 정보통신 기술의 발전으로 해외 판매가격을 실시간으로 알게 되고 해외 직접구매가 활성화되는 등 소비자들이 점점 더 현명해지고 있기는 하다. 그러나 소득 상위자들을 대상으로 한 고가 제품군에서는 여전히 바가지 소비가 이뤄지고 있다. 소비 사대주의와 과시욕이 합리적 소비를 외면하게 만든 것이다. 단순히 명품이 비싸다는 의미는 아니다. 브랜드 유지비용도 만만치 않다. 다만, 문제는 물류비용과 관세 등을 합쳐도 다른 국가에 비해 훨씬 비싸다는 점이다. 이는 다시 글로벌 기업의 배짱 영업을 만들고 있다. 또, '한국에서는 비싸면 더 잘 팔린다'고 생각하는 글로벌 기업들로부터 소비자가 무시당하는 셈이다. 환율 변동이나 자유무역협정(FTA) 체결로 가격 하락 요인이 발생하는데도 가격을 유지하거나 오히려 올리는 해외 브랜드도 있다. 원가가 얼마 되지 않는 몇 가지 옵션을 붙이고 가격을 내리지 않는 식으로 가격 유지 정책을 고수하는 곳도 있다. 사후서비스(A/S)조차도 형편없다. 그럼에도 우리는 기꺼이 지갑을 연다. 배짱 영업을 하는 기업에는 불매운동까지는 아니더라도 눈길조차 주지 않아야 무릎을 꿇릴 수 있는데 말이다.

하긴 아무나 살 수 있는 자동차나 핸드백은 싫다며 바가지라도 좋으니 고가격 정책을 지지하는 사람을 본 적도 있다. 좁은 땅덩어리와 심한 소득불평등 속에서 소비자의 실패도 계속 반복되고 있다. 이는 국가적으로도 손실이다.

/

환율은 개입해야 하지만
엄살은 그만

    금리와 마찬가지로 환율에는 모든 변수가 반영돼 있다. 경제뿐만 아니라 정치, 사회, 문화 현상까지 반영된 비교가격이라고 할 수 있다. 가수 싸이가 글로벌 히트곡을 낸 효과를 정확한 수치로 산출할 수 없어도 환율은 이를 반영하고 있다. 개인의 작은 경제활동도, 각종 사건과 사고도 환율은 담아낸다. 다만, 각국의 경제정책, 경제 상태 등에 따라 민감하게 움직이기 때문에 환율을 대표적인 경제현상으로 받아들일 뿐이다.

    급격한 환율 변동은 적응시간 부족을 가져온다. 따라서 속도 조절을 위해서는 정부의 개입이 필요하다. 어느 나라나 무역역조를 좋아할 리 없다. 그래서 가끔 뉴스에 환율전쟁이라는 용어가 나온다. 경기 침체에서 벗어나기 위한 방편으로 환율시장 개입을 통해 자국 기업 상품의 가격경쟁력을 높이려고 한다. 미국 등 선진국이 우리나라를 비롯해 중국 등에 외환시장 개입을 중단하라고 줄기차게 요구하는 이유다. 우리 정부는 한국은행을 통해 실제로 개입하면서도 공식적으로는 환율 개입을 부인한다.

사실 환율 하락(원화가치 상승)은 우리나라가 그만큼 튼실해졌다는 뜻이다. 특히 경제력이 강하다고 평가받는 것이기 때문에 자부심을 가져야 할 일이다. 그러나 환율이 대세 하락을 보이면 경제신문 헤드라인에 '수출업체 비상'이라고 실린다. 원-달러 환율이 달러당 1,000원에서 달러당 900원으로 떨어지면 미국민이 우리나라 기업 제품을 그만큼 더 비싸게 사야 한다. 반대의 경우 수출은 잘 되지만 원재료 수입 비중이 높은 우리나라의 경우 수입물가 상승으로 이어져 또 다른 부담이 된다. 환율은 급격히 내려가도 탈, 올라가도 탈이다.

그런데 자세히 보면 환율 하락에 대해 너무 지나칠 정도로 호들갑이다. 정부와 언론이 기본적으로 '기업 편'이기 때문이다. 특히 수출 중심의 대기업 편이다. 말로는 대응 능력이 부족한 중소기업의 고충을 앞세우지만 사실 우리나라 경제의 큰 부분을 차지하는 대기업 걱정이 더 크다. 달러당 1,300원에서 1,200원으로 떨어질 때도, 다시 1,100원으로, 또 1,000원으로 떨어질 때도 죽겠다고 아우성이다. 그러면 달러당 700원을 하던 시절에는 어떻게 살았을까. 더군다나 많은 기업이 해외 현지 생산을 늘리면서 과거보다는 환율 영향이 많이 줄어든 상태다. 경험을 바탕으로 환 헤지를 위한 다양한 수단이 사용되고 있다.

환율 하락으로 어떤 기업이 망했다면 해당 기업은 그동안 상대적인 가격경쟁력만으로 국가 보호 속에서 살았다는 뜻이다. 적응을 위한 환율 변동의 속도 조절은 필요하지만 방향성을 놓고 편중된 시선과 조치는 중장기적으로 기업의 실패를 가져온다. 최근 일본의 '고의적인' 엔저 정책도 주변국들이 자초한 면이 있다. 이명박 정부 시절 대놓고 실시한 고환율 정책 때문에 무조건 욕하기도 머쓱하다. 호들갑과 엄살은 언제까지 떨 것인가.

물가지수는 낮은데
왜 장보기가 무서울까

정부가 발표하는 통계치 중에서 국민이 가장 신뢰하지 않는 물가지수. 비싼 물가 때문에 살림은 쪼들리는데 정부가 발표하는 소비자물가 상승률은 연평균 1~3%대이다. 일반 소비자들이 체감한다는 생활물가지수도 마찬가지다. 또, 언론을 통해 전달되는 정부 관계자의 멘트는 항상 똑같다. 특정 품목의 가격이 치솟는 점에 대해 질문하면 지수에 포함되는 가중치에 얼마 되지 않아 전체적인 물가는 안정적이라고 한다. 왜 이런 괴리가 나타나고 정부 관계자는 다른 나라에 살고 있는 사람처럼 말할까. 심지어 최근에는 유가 하락으로 디플레이션이 우려된다며 호들갑이다. 아직도 장보기가 무서운데 말이다.

소비자물가지수에 포함되는 품목은 481개에 달한다. 또 생활물가지수는 그중 142개 정도다. 품목은 당시 생활상을 반영해 바뀌며 품목마다 가중치가 있다. 전세나 휘발유, 월세, 쌀 등이 비교적 큰 비중을 차지한다. 그런데 모든 품목이 동시에 뛰면 모를까, 가중치가 높은 품목 한두 개만으로 물가지수를 대폭 끌어올리기는 어렵다. 김장철에 배추 가격이 작황 부진 등으로 예년에 비해 3~4배 뛰었다고 가정해보자. 김장을 준비하는 가정에서는 부담이 이만저만이 아니다. 그러나 발표되는 물가지수는 여전히 낮다. 매일 김치를 먹는 우리 국민들에게 배추는 필수품목이지만, 그렇다고 물가지수에서 차지하는 비중이 절대적이지는 않기 때문이다. 특정 시기에 집중적으로 소비하는 품목의 가격이 오를수록 가계는 더 힘들지만, 지수는 여전히 '억울하게' 낮다. 이런 괴리를 줄이려면 특정 시기에 집중되는 품목의 가중치를 높이는 유연한 지수 산출이 필요하다.

하지만 정부는 굳이 나서서 지수 높이는 일을 만들지는 않을 것이다. 물가는 다분히 심리 요인이 강하기 때문에 거짓말로라도 눌러야 한다. 따라서 정부 관계자는 맞는 말을 한 것이다. 앞으로도 특정 품목의 가격이 폭등해도 '물가는 안정적입니다'라는 답만 나올 것이다.

다만, 믿을 수 없는 물가지수를 기반으로 금리를 내리는 등 인위적인 경기 부양책을 쓴다면 국민을 기만하는 일이다. 2015년 3월 이전 한국은행 금융통화위원회가 계속 기준금리를 동결하자 경기 부양의 발목을 잡고 있다는 비판이 쏟아진다. 사실 기름값만 떨어졌지 내수 부진을 이유로 이윤을 높이고자 제품 가격을 인상하는 기업들 때문에 저물가가 피부로 느껴지지 않는데 말이다. 물가에 대한 딜레마를 백번 이해한다고 해도, 이를 바탕으로 거시정책이 성장주의론자가 바라는 대로 이뤄지면 또 다른 실패를 불러온다.

특히 우리나라는
중앙은행의 독립이 필요하다

통화정책을 중심으로 거시정책의 실패에 대해 자세히 살펴보자. 한국은행은 국가의 거시경제 운영에 있어 중요한 통화신용정책을 수행하는 기관으로, 기준이 되는 금리를 정하고 환매조건부채권(RP)과 통화안정증권(일명 통안채)을 운용해 시중 유동성을 조절한다. 한은의 목표는 물가 안정이다. 물가 역시 다양한 요소에 의해 움직이기 때문에 간단히 말할 수는 없지만, 한은이 물가를 어떻게 관리하느냐를 쉽게 기계적으로 설명한다면 이렇다. 금리를 올리거나 RP, 통안채 발행 확대 등으로 시중 자금을 빨아들이는 것은 물가가 높거나 높이 올라가는 것을 막기 위한 조치다. 반대로 금리를 내리고 자금을 푸는 것은 상대적으로 낮은 물가 수준에서 보다 경기 부양적인 조치라고 할 수 있다. 이외에 발권은행 역할, 금융시장 안정과 지급결제제도 운영, 외화자산 보유 및 운용, 은행 검사, 경제 조사 기능도 수행한다. 여기까지가 교과서에 나오는 상식이다.

한은의 독립성 주장은 끊임없이 제기된다. 선거를 통해 당선된 대통령과 여당 국회의원은 경기 부양책을 선호할 수밖에 없다. 여기에 확대재정으로 정부(주로 기획재정부)도 호응한다. 완전고용이 목표인 정부는 지출을 늘려 생산과 고용, 소비의 순환 고리를 확대하려고 한다. 그런데 경제가 성장하면 보통 자연스럽게 물가도 오르게 된다. 물가 안정이 목표인 한은은 경기 과열 양상을 경계할 수밖에 없다. 한은이 의사결정에 독립성을 갖지 못하면 나중에 경기 과열에 따른 큰 부작용을 고스란히 떠안아야 한다.

한은이 독립해야 한다는 주장이 제기되는 것은 현재 독립적으로 의사를 결정하지 못하고 있다는 방증이다. 한은의 예산은 기획재정부 장관의 승인을 받아야 한다. 예산권은 막강하다. 한은을 기재부의 '남대문 출장소'라고 부르는 이유도 여기에 있다. 한은의 최고 정책결정기구인 금융통화위원회는 한은 총재(위원장)와 부총재가 참석하고 기재부 장관, 한은 총재, 금융위원회 위원장, 대한상공회의소 회장, 전국은행연합회 회장 등이 1명씩 추천한다. 금통위원 7명의 의견이 갈릴 수 있는데 표 분석을 해보자. 기재부와 금융위, 대한상의, 은행연합회에서 추천하는 의원은 당연히 정부 쪽이다. 은행연합회 회장도 정부 낙하산이 맡기 때문이다. 경기 부양책을 좋아하는 대한상의는 말할 것도 없다. 벌써 4명이다. 한은 총재와 부총재, 한은 총재가 추천한 1명이 힘을 합친다고 해도 불리한 입장이다.

게다가 한은 총재는 국무회의 심의를 거쳐 대통령이 임명하고 부총재도 총재 추천에 의해 대통령이 임명한다. 나머지 5명의 금통위원도 역시 대통령이 임명권을 행사한다. 인격과 덕망이 훌륭한 인물이라면 정치권과 정부의 입김과 아랑곳하지 않고 소신껏 의사를 결정하겠지만 그게 어디 말처럼 쉬운가. 혹자는 금통위원들이 판단에 필요한 방대한 기초 자료를 거의 한은에서 받기 때문에 통화당국의 입장에 경도될 수도 있다고 한다. 그러나 청와대 인사들은 물론이고 기재부 장관, 여당 국회의원까지 언론을 통해 금리 인하의 필요성 등을 언급하면 적잖은 압박을 받는 것도 사실이다. 필자가 한은을 담당했을 때 마침 정부·여당 분위기와 다른 결정이 나오는 '소신'을 목격한 적도 있지만 극히 예외적인 경우다.

한은을 통제해야 한다는 주장도 설득력은 있다. 같은 얘기지만 정부(와 여당)가 경기 침체를 막기 위해 예산 집행 등으로 부양책을 썼는데 한은이 금리를 인상하거나 시중 자금을 타이트하게 빨아들이면 그 효과가 반감될 것이다. 따라서 정책 효과를 위해서는 정부와 한은의 공조가 중요하다는 것이다. 또, 최근에는 유럽연합(EU) 지역의 경기 침체로 유럽중앙은행(ECB)의 독립성 문제가 도마 위에 오르는 모양이다. 미국의 연방준비은행(FRB) 총재도 정기적으로 의회에 출석해 머리를 숙이는 만큼 중앙은행도 통제를 받아야 한다는 얘기도 있다.

다만, 한은보다 독립적이라는 선진국 중앙은행 인사들은 소신 발언을 자주 한다. 미국의 경우도 지역 FRB 총재들이 제각기 목소리를 내는 경우가 많다. 시끄럽지만 어느 한 방향으로 정책이 쏠릴 때 가끔 제동을 건다. 우리나라도 표를 의식한 정치권과 눈치를 보는 정부가 지나친 부양책을 쓸 경우 견제구 정도는 던질 수 있을 정도로 한은의 독립성을 보장해줄 필요가 있다.

앞서 언급했지만 한은 금융통화위원회는 불경기에 기준금리를 낮추지 않고 동결하면 공격을 받는다. 정부가 재정을 풀어 경기를 부양하는데 한은이 발목을 잡는다는 것이다. 기준금리 2%면 충분히 경기 부양적 금리 수준이었다. 실질적으로 마이너스 금리를 보이는 일부 선진국과 비교해서도 안 된다. 그 선진국이 비정상적인 상황이다. 불경기에 거품이 생기게 하는 효과밖에 없다. 나중에 더 고통스럽다. 그런데 결국 기준금리가 1%대로 들어섰다. 물가 상승 압력이 강하지 않은 상황에서 경기를 부양해야 한다는 의견일 것이다. 그렇다고 시원스럽게 경기가 살아날까. 금통위 내에서도 의견이 갈렸다고 한다. 또, 각종 대출 명목으로 한은의 발권력까지 동원되고 있다. 경기가 어려울 때 중앙은행의 돈 찍어내기는 모든 국가에게 달콤한 유혹이다. 그러나 그 정도가 지나치고 자주 사용되면 화폐가치는 떨어지고 물가 상승 압력이 커진다. 그동안 일부 남미 국가들의 상황도 이와 다르지 않았다.

중앙은행의 독립성이 높은 국가일수록 물가가 안정적이라는 보고서도 있다. 일반 국민의 입장에서는 경제성장률 1%의 기쁨보다 물가상승률 1%의 고통이 더 크다.

운동 경기 중에
규칙을 바꾸는 황당한 나라

지난 2010년 말과 2011년 초에 국내 M&A(인수합병) 시장에서 황당한 일이 발생했다. M&A 과정에서 정치권과 언론이 나서서 감 놔라 배 놔라 하더니, 공공기관이 포함된 채권단이 사전 입찰 규정에도 없는 서류를 요구하다가 결국 우선협상대상자를 교체했다.

현대기아자동차그룹과 현대그룹은 2010년 11월 현대건설 매각을 위한 본입찰에 참여했고 결국 4천억 원 이상을 더 써낸 현대그룹이 우선협상대상자로 선정됐다. 자금력에서 비교되지 않는 양 그룹의 경쟁이 절대 열세였던 현대그룹 승리로 돌아가는 듯했다.

그런데 갑자기 현대그룹의 자금 출처가 투명하지 못하다는 비판이 일부 언론을 통해 나오기 시작했다. 이러한 주장은 2008년 하반기부터 몰아친 글로벌 금융위기로 차입을 통해 타 기업을 인수했던 주체들이 잇달아 어려움에 빠지면서 힘을 받았다. 재무적으로 취약한 현대그룹이 현대건설을 인수할 경우 양쪽 모두 무너질 수 있다는 발 빠른 예측도 나왔다. 심지어 정치권까지 나서 국가 경제를 걱정하며 '승자의 저주'를 거론했다.

급기야 채권단은 현대그룹에 자금 조달에 대한 상세한 내역을 요구했고 현대그룹은 사전 입찰 규정에 없는 내용이라며 반발했다. 이 과정에서 현대그룹은 현대차그룹이 인수 자금 관련 허위 사실을 퍼뜨렸다며 명예훼손 혐의로 고소하기도 했다. '힘 있는 여론'의 부담을 떠안은 정책금융공사를 포함한 채권단과 사적인 계약 내용을 상세하게 공개하기 어렵다는 현대그룹 사이에서 공방이 이어졌다.

결국, 채권단은 현대그룹의 우선협상대상자 지위를 박탈하고 현대차그룹과 협상에 들어갔다. 이 과정에서 채권단은 현대차그룹이 현대건설을 인수하더라도 현대그룹의 현대상선 경영권이 보장될 수 있도록 중재하겠다는 안까지 내놨다. 현대상선 지분을 가진 현대건설을 현대차그룹이 차지할 경우 그룹 주력 계열사를 뺏길 수 있다는 우려를 불식시켜 주겠다는 것이다. 따라서 당시 채권단이 스스로 일련의 과정이 정당하지 못했다고 인정하는 꼴이라는 해석도 일부에서 제기됐다.

그러나 현대차그룹이 현대건설 인수를 위한 양해각서(MOU)를 체결하거나 주식 매각 절차를 밟지 못하도록 해달라는 현대그룹의 가처분 신청이 법원에서 기각되면서 현대건설은 현대차그룹으로 넘어갔다.

이후 현대그룹이 우선협상대상자로 선정되면서 채권단에 냈던 이행보증금 반환 소송에서 법원은 청구한 대금의 4분의 3을 현대그룹에 반환하라며 원고 일부 승소를 판결했다. 인수 측이 여러 사정을 들어 인수 조건을 고쳐달라고 하면 이행보증금을 돌려받지 못한다. 대우조선해양의 우선협상대상자였던 한화그룹과 쌍용건설 인수전에 참여한 동국제강이 그러했다. 그러나 법원은 현대건설 매각 과정이 정당하지 못했다고 판단한 것이다. 물론, 일부 승소 판결에서 보듯 현대그룹도 자금조달에 대해 속 시원하게 밝히지 못한 책임을 물었다.

현대건설은 건설업계 불황에도 비교적 탄탄한 실적을 냈다. 반면, 현대그룹은 주력인 현대상선의 실적 부진으로 대대적인 구조조정에 나선 상황이다. 결과적으로 현대건설이 현대차그룹 품에 안긴 것이 잘되지 않았냐고 기세등등할지도 모르겠다.

과연 그럴까. 일단 현대건설 매각은 두고두고 국내 M&A사에 오점으로 남을 것이다. 정·관·언이 합심해서 운동 경기가 벌어지는 도중에 규칙을 바꾼 셈이다. 현재 진행 상황으로만 판단할 일이 아니다. 민간기업 간 거래도 아무리 '파는 사람 마음'이지만 불공정한 절차가 있다면 소송전에 휘말리게 된다. 해외투자자라면 이런 일이 벌어진 국가의 M&A 시장에 뛰어들 마음이 있을까. 특히, 우리나라 경제에 영향력이 큰 기업을 인수할 엄두가 날까. 현대건설 M&A는 성공이 아닌 실패사례다.

자고 일어나면 경제 정책이 바뀐다.
이유가 있는 규제도 대통령 한마디에 바뀐다.
국제 행사는 과대 선전되고 보여주기식 행정은 계속된다.
이처럼 창조적일 수 없는 정부가 '창조경제'를 외치고 있다.
그런데 창조경제의 뜻이 무엇일까.

빈수레
경제

'엿장수' 마음대로 바꾸는
경제정책

기업의 경영환경은 변화무쌍하다. 중장기 계획도 필요하지만 단기 충격에 대응할 위기관리 능력이 무엇보다 요구된다. 국가도 마찬가지다. 상황에 따른 유연한 대처가 필요한 만큼, 경제정책도 바뀌는 것이 정상이다.

그러나 가끔 '왜 바꾸지?'라는 의구심이 들 때가 있다. 여론이나 상황 변화 등 명분은 그럴 듯하지만 기업이나 금융기관, 시장 전문가, 학자들조차 물음표를 던진다. 차라리 특정 이익집단의 로비라면 모르겠지만 시장 상황을 거꾸로 해석하는 경우도 있다.

이럴 때 공통점은 관련 공무원이 바뀐 후라는 것이다.

새로 부임한 국과장급에게는 뭔가를 해야 한다는 강박관념이 있다. 승진하기 위해, 또는 승진해서도 자랑거리로 남을 만한 '작품'을 남겨야 한다는 욕심도 생긴다. 그러나 새롭고 번뜩이는 정책을 내놓기는 쉽지 않다. 따라서 전임자, 또는 공무원 선배들이 만들어놓은 것을 다시 뒤집는 시도를 한다. 명분은 만들기 나름이다. 정책을 두고 장점과 단점, 또는 다수와 소수의 대립 비율이 6대 4인 경우가 많다. 심지어 51대 49로 나뉠 정도로 애매한 사안도 부지기수다. 이때 49의 편을 들어도 중장기적인 효과는 이리저리 맞춰 꾸미면 그만이다. 가장 쉬운 핑계는 환경 변화다. 환경 변화에 맞추면 모든 정책을 다 바꿀 수 있다는 말도 들었다. 환경이 바뀌었는데 기존 정책을 고수해야 한다는 말은 아니다. 그러나 코에 걸면 코걸이, 귀에 걸면 귀걸이식의 환경 해석으로 정책이 바뀌는 경우도 많다.

언론사 입장에서도 '쓸거리'를 주는 공무원이 고맙다. 따라서 잦은 정책을 내놓는 국과장이 인기를 끈다. 과거 금융감독 담당자 중, 고민 끝에 내린 기존의 훌륭한 정책을 어떻게 잘 운영하느냐가 중요하지 자꾸 정책을 바꾸면 오히려 시장이 혼란스러워진다는 신념을 가진 국장의 앞날은 가시밭길이었다.

정책뿐만 아니라 공공부문을 합쳐놨다가 떼어놨다가 한다. 합칠 때는 비용 절감, 관리 효율성 제고 등을 내세우고 떼어놓을 때는 경쟁력 강화, 경영 효율성 제고 등을 앞세운다. 이명박 정부 때 공공부문을 민영화했던 명분이 어느 순간 다시 공영화로 바뀔지 모른다.

공무원 교체가 아닐 때도 있다. 정치적인 의도가 다분했던 한국거래소 공공기관 지정은 경쟁력 강화와 복수 거래소 허용 등으로 언젠가는 다시 해제될 것이다. 거래소의 공공기관 지정 배경은 간단한 기사 검색으로도 찾아볼 수 있으니 여기서는 생략하겠다.

하지만, 정책을 자주 바꾸는 부처가 어디 경제부처뿐이랴.

규제의 해소와
규제의 기술

공무원을 언급한 김에 하나 더 해보자. 박근혜 정부 들어 창조경제에 이어 규제 개혁이 화두가 됐다. 정부의 규제가 못마땅한 민간 부문은 끊임없이 규제를 풀어달라고 아우성이다. 언론도 충실히 전달했다. 따라서 규제 개혁은 모호한 창조경제 구호와 인사 문제로 돌파구를 찾지 못하는 박근혜 정부의 최대 치적으로 기록될 것으로 예상되기도 했다.

'규제는 나쁜 것'이라는 인식은 공무원 집단이 스스로 자초한 것도 있다. 가장 일 잘하는 공무원은? 규제를 풀어주는 척하면서 결정적인 고리를 살짝 틀어쥐는 내용을 '눈에 잘 띄지 않게' 만들어내는 공무원이다. 특히 복잡다단한 경제나 금융 부문에서 규제의 기술이 중요하다. 규제를 풀어주면 부처의 밥그릇이 줄어들 수 있기 때문이다. 이런 관점에서 보면 규제는 늘 개혁의 대상이다. 거의 모든 정부에서 규제 완화는 항상 거론됐다.

그런데 이상하다. 규제 개혁 장관회의에서 한 민원인이 상수원 상류 지역에 한과공장을 지어달라고 요구했고 장관이 내년에 검토하겠다고 하자 대통령이 핀잔했다고 한다. 일부 언론은 후속 보도까지 하며 1면에 대서특필했다. 결국 상수원 규제 완화 대책이 나왔다. 당초 민원인에게 찾아가 공장을 허가하기 어렵다고 한 환경부는 오염 저감 기술이 발전하고 실시간 감시를 할 수 있다는 설명도 곁들였다. 대통령이 '규제 개혁으로 민원인의 소원을 들어주는 한 편의 쇼'를 한 것이다. 비록 환경부 예이지만 규제 완화가 이런 식이라면 정말 걱정이다(요새는 기업들이 환경부를 공정거래위원회만큼 무서워한다).

보여주기식 행정보다 왜 이런 규제가 필요했는지부터 철저하고 따지고 손질해야 한다. 부처 밥그릇을 위한 규제도 있지만 필요한 규제도 있기 때문이다. 기업이나 금융기관 등 경제주체들도 이중적이다. '자유를 달라'는 경제주체들이 막상 혼란이나 문제가 발생하면 '정부는 뭐 했느냐'고 따진다. '규제 개혁'이 무조건적인 '규제 해소'가 아닌 '효율적 규제'를 의미했으면 좋겠다.

지역 축제를 좇아가는
'허브 시리즈'

노무현 정부부터 추진한 '동북아 금융허브'는 정권이 바뀌면서 구호만 남은 줄 알았는데 요즘도 가끔 지면상에 툭툭 나온다. '동북아 금융허브'는 물론 '동북아 물류허브', '동북아 오일허브', '동북아 첨단기업 허브', '동북아 LNG 허브' 등등 '허브 시리즈'가 많기도 많다. 지방자치단체들이 너도나도 장밋빛 청사진을 펼쳐놓고 있다.

다시, '동북아 금융허브'로 돌아가 보자. 이미 노무현 정부 때 진단이 나왔다. 충분한 인프라 준비 없이 동북아의 중심이 되기는 어렵다는 것을. 노 정부 시절 관련 업무를 직접 담당했던 인사에게도 같은 얘기를 들었다. 관련 법제도의 미비는 차치하고서라도 기본적으로 관련 업무의 외국어(주로 영어) 능통자가 많지 않고 외국인 자녀가 다닐 국제학교조차도 부족한데 외국 금융사를 유치하겠다는 것도 난센스다. 빌딩을 세우고 세제 혜택을 준다고 해서 얼씨구나 올 회사는 없다는 것이다.

중앙대 교수와 대외경제정책연구원장을 지내고 2015년 4월 현재 동반성장위원회를 맡고 있는 안충영 위원장은 지난 2007년 초 저서 『빗장을 풀어야 한국이 산다』에서 "해외 고급인력은 언어, 교육, 의료, 복지, 주거, 교통 등 제반 생활여건이 부실한 곳에는 결코 정착하지 않을 것"이라고 지적한 바 있다. 특히 영어 인프라와 교육 개혁이 최우선 과제라고 강조했다. 하드웨어보다 소프트웨어 개혁이 관건이라는 설명이다.

과거에 국제기구 금융전문가가 방한해 인터뷰할 기회가 있었다. 요즘 흔한 어학연수 한번 갈 기회가 없었던 필자도 시험용 문법 공부에 많은 시간을 낭비했던 실패한 영어교육 세대다. 그래서 인터뷰 자리에 주최 측에서 마련해 준 통역이 있음을 안도했다. 금융 담당 기자였던 만큼 통역에게 '세계적으로 장단기 금리 차가 확대되고 있는데 원인과 전망에 대해 질문해달라'고 부탁했다. 그러나 통역은 이를 전달하지 못했다. 우리말로도 무슨 말인지 몰랐던 것이다. 다행히 필자는 가끔 경제·금융 관련 기사 번역을 했었기 때문에 간신히 '식민지 영어'로 더듬더듬 직접 질문했고, 고맙게도 알아들은 금융전문가는 성실하게 답변해줬다. 역시 답변까지 스스로 알아들어야 했다. 앞서 말한 외국어 능통자란, 회화뿐만 아니라 어느 정도의 금융 지식은 물론 농담까지 주고받을 수 있는 수준을 뜻한다.

따라서 무슨 센터라고 멋진 건물만 지으면 외국 금융사들이 대거 들어온다고 생각하는 것 자체가 잘못됐다. 국내 금융사를 한곳에 몰아넣는다면 그것은 대한민국 금융허브지 동북아 금융허브는 아닐 것이다.

그렇다고 교육 강화나 인프라 구축 등 장기 계획부터 차근차근 진행되는 허브도 거의 없다.

그런데 '허브 시리즈'는 계속 양산되고 있다. 왜 그럴까. 지자체가 너도나도 축제를 만들어내는 것과 일맥상통한다. 선출직 단체장은 임기 내에 무엇이든지 보여줘야 한다. 이미 각종 축제 과잉은 돈만 낭비하는 전시성 행사만 양산했다. 어떻게 손님을 끌어모을지, 어떤 인프라를 갖춰야 할지 충분히 검토하지 않고 장터만 열어댄 것이다. '허브 시리즈'도 마찬가지다. 다른 점이 있다면 지방으로 이전하는 공기업을 유치하기 위해 일단 깃발부터 든 것이다. 지역경제 활성화를 위한 지자체의 고민은 알겠지만, 이런 식으로는 또 하나의 부실한 축제가 될 가능성이 농후하다. 또, 예산도 낭비되고 있다.

국제행사 과대선전…
처벌이라도 해야 하나

　각종 국제행사에 경제적 효과에 대한 보고서나 기사가 쏟아진다. 기대효과는 물론이고 사후에도 결산 보고서가 나오기도 한다. 그런데 대부분 조 원 단위다. 어림짐작이라는 말이다. 직접적인 효과보다는 간접적인 효과를 더 크게 잡기도 한다. 뭉뚱그려서 직간접적 효과가 얼마라고 표현하기도 한다. 쫓아다니면서 집계하지 못하는 이상 그냥 그런가 보다 하고 넘어간다. 일각에서 제기되는 비판의 목소리도 시간이 지나면 묻히고 또 다른 국제행사를 유치했다고 팡파르를 울린다. 우리나라는 88서울올림픽 이후 이러한 일이 무한 반복되고 있다. 일부 국가는 국제행사에 아예 무관심하고 또 다른 국가는 지방자치단체 또는 지방정부의 일이라며 크게 관여하지 않는 것과 대조적이다.

　이미 일부 언론이 문제를 제기했던 몇 가지 예를 들어보자. 이명박 정부 때인 2010년 11월 이틀간 G20 정상회의가 서울에서 개최됐다. G20 정상회의 유치의 의미, 경제적 효과 기사가 2010년 벽두부터 쏟아졌다. 한 민간연구소는 G20 정상회의의 경제적 효과가 21조 원대에서 24조 원대로 분석하는 보고서를 냈다. 한국무역협회는 31조 원 이상으로 잡았다. 정상들이 서울에 와서 쓴 돈(직접효과)과 국가 인지도 제고에 따른 해외자금 조달비용 감소(간접효과)가 근거다. 약 1천536억 원의 예산이 소요됐다. 정상회의 당일과 그 전후로 기사가 쏟아졌다. 이명박 대통령이 발의한 내용은 대서특필됐고 각종 의제는 물론 각국 정상들을 쫓아온 해외 기업 관계자들과의 미팅 내용도 일거수일투족 소개됐다(필자도 당시 데스크 지시에 의해 성과기사를 썼다). 그런데 이후 분석 보고서가 없다. 애초에 정상들이 와서 얼마를 썼는지, 간접효과는 정말 있는지, 그것이 얼마인지 측정하기는 불가능했다.

그러면 여기서 한 가지 질문. 2011년부터 지난해까지 G20 정상회의 개최지는 어디였나? 2011년 이후에는 매년 열렸다는 점을 알고 있는지? 지난해에는 어떤 주제가 핵심이었을까? 포털 검색을 하지 않고 이를 기억하는 사람은 많지 않을 것이다. 적어도 서울 개최 바로 다음 해인 2011년 프랑스 칸에서 열렸던 G20 정상회의에 대해 서울 회의에서 그렇게 호들갑을 떨었던 언론들이 어땠는가. 시간과 거리, 비용 문제를 고려해도 충분히 관심을 환기시킬 만한 질과 양의 보도가 이뤄지지 않았다. G20 정상회의는 2012년에는 멕시코 로스카보스, 2013년 러시아 상트페테르부르크, 지난해에는 호주 브리즈번에서 열렸다. 이쯤 되면 눈치챘을 것이다. G7에 속한 국가와 우리나라를 비롯한 12개 국가, EU 등으로 구성된 G20 회원국이 돌아가면서 개최하고 있다. 개최국이 모두 수십조 원의 경제적 효과를 누렸을까. 대외 신인도가 높아져 해외 조달 비용을 아낄 수 있었을까.

개최하지 말았어야 했다고 주장하는 것은 아니다. 그러나 너무 과장됐다. 국풍81, 프로스포츠 출범, 교복·두발 자유화 등등 국민의 시선을 돌리기 위한 과거의 정치적 계산은 촌스러운 유물일 뿐이다.

올림픽, 아시안게임, 월드컵 등도 스포츠 행사도 마찬가지다. 우리나라뿐만 아니라 국제 스포츠 행사를 개최한 국가마다 경제적 효과 논란이 벌어진다. 지난해 러시아 소치에서 열린 동계올림픽은 역대 최대인 55조 원의 예산이 투입됐지만 현재 소치는 유령도시 같다는 보도가 잇따르고 있다. 당장 분산 개최 논란이 벌어지는 평창 동계올림픽도 걱정이다. 올림픽 개최 후 평창이 세계적인 동계 스포츠의 요람으로 거듭날 것이라는 흥분은 점점 가라앉고 이성적인 얘기들이 나오고 있다.

역시 개최 논란이 있었던 88서울올림픽이 과거 전쟁으로 가난에 찌들었던 우리나라 이미지를 어느 정도 바꿨다고 치자. 또, 워낙 스포츠 인프라가 부족했던 우리나라에서 경기장도 잘 활용하고 있는 편이다. 그러나 이 성공(?)을 바탕으로 점점 더 스포츠 행사 유치에 사활을 걸려고 하는 일이 너무 잦다.

한 가지 더. 비인기 종목, 그런 것이 있는지조차 생소한 종목에 대한 정부와 기업 지원이 절실하다는 보도와 목소리가 나온다. 비인기 종목 선수들이 투혼을 발휘해 기대 이상의 성과를 거두는 내용의 영화도 감동을 주기는 한다. 그러나 비인기 종목에 무턱대고 정부나 기업이 지원하라고 압박하는 것은 이상하다. 남들 하는 것은 모두 다 해야 하는가. 그래야 우리가 잘살고 행복해지는 것일까. 국민체육이 아닌 소수 특기자를 만들어내면 국민 전체의 삶의 질이 높아지는 것일까. 우리나라가 올림픽에서 10위 안에 들었다고 해서 우리나라의 스포츠 수준이 10위라고 할 수 있을까. 단지 태릉선수촌에서 엘리트 중심의 스파르타식 훈련으로 이룬 결과 아니었던가.

정치적으로 이용되는 국제행사에 너무 많은 돈을 쓰고 있다. 제발 계산기 먼저 두들겨보고 측정 가능한 직접효과에서 너무 손해 보지 않는 수준으로 개최했으면 좋겠다. 또, 요란하게 국가 홍보를 하지 않아도 잘살 수 있다.

민영화가 민영화로
들리지 않는 이유

공공기관은 정기적으로 발표되는 공공기관 경영평가 결과(가끔 공정성 시비가 있지만)에 가장 민감하고 스트레스를 받는다. 상대적으로 낮은 등급을 받으면 경영 개선을 추진해야 하고 계속 방만한 경영을 하면 기관장 해임 등 제재를 피할 수 없다. 따라서 살림을 잘하려고 나름대로 노력한다. 경영평가는 공공기관 간 경쟁도 초래한다. 이런 점을 고려하면 홀로서기를 해야 하는 공공부문은 민영화를 하는 의미가 있다. 공공기관 임직원들이 '좋은 시절은 갔다'고 푸념하지만 아직 민간기업에 비하면 비효율적이거나 낭비적인 요소가 많은 것도 사실이다. 내부 경쟁도 상대적으로 약하다.

그렇지만 무조건 민영화가 방만한 공공부문의 절대적 해결책은 아니다. 민영화를 놓고 첨예한 논쟁이 벌어졌을 때 세계 사례를 통해 이미 알려졌듯이 공공요금 인상은 불가피하다. 또, 정책적으로 추진해야 할 사안이 기관, 기업을 통해 국민에까지 제대로 전달되지 못할 수 있다. 민영화되면 효율성은 높아지겠지만 답답한 곳은 민영화를 추진하는 주체인 정부가 된다는 말이다. 예를 들어 한국전력공사가 민영화되면 당장 전기료부터 오를 것이다. 우리나라 전기료는 저렴하기로 유명하다. 산업은행과 우리은행이 민영화되면 대기업 중심의 여신 행태가 더 심화될 것이고 정부가 중소기업에 대해 금융 지원을 하려면 다른 통로를 만들어야 한다(철저히 시장에 맡겨야 한다는 주장이 더 설득력 있지만). 시장 충격을 완화하기 위해 부실기업 처리에 산업은행을 동원하기가 어려워진다.

고민스럽다. 낭비적이고 비효율적이지만 정책 효과를 극대화할 수 있는 공공기관이냐, 경쟁력을 갖췄지만 공공의 이익보다는 사익 추구에 몰입하는 민간기업이냐.

여기서 다른 질문을 해본다. 우리 정부와 시장은, 아니 모든 국민은 공공기관 민영화를 추진할 능력을 갖고 있을까. 그동안 국가 경제에 미치는 영향력이 크지 않은 공공사업 부문이나 공기업 등은 상당 부분 민영화가 진행됐다. 과거 제법 덩치가 컸던 공기업을 민간기업이 인수한 사례도 꽤 있다. 그러나 점점 더 어려워지는 분위기다. 이른바 '변양호 신드롬'을 초래한 외환은행 헐값 매각 논란으로 덩치 큰 공기업의 해외 매각은 거의 불가능해졌다. 국민 정서상으로도 해외 매각은 어렵다. 또, 현재의 재계 및 산업 구도에서 대형 공기업을 인수할 대기업도 많지 않다. 높은 비용도 부담이고 가뜩이나 심화된 경제력 집중에 대한 따가운 눈총도 감수해야 한다.

결국 민영화는 포스코와 KT의 전철을 밟게 될 것이다. 비록 한 자릿수 지분율이지만 포스코와 KT의 최대주주는 국민연금이다. 무늬상으로는 민간기업이지만 CEO 인사만 보더라도 아직 정부 입김이 강하게 작용하고 있다. 포스코와 KT식 민영화라면 당초 그 취지가 반감된다. 공교롭게도 최근 몇 년간 두 기업의 경영 상태가 썩 좋지 못하다. 그럼에도 정부 공무원은 포스코와 KT식 민영화를 가장 보기 좋은 그림으로 생각할 가능성이 크다. 국민 정서도 마찬가지다. 또, 난항을 겪는 우리은행 민영화 추진 사례를 보자. 국내 사모투자 펀드(PEF)만으로는 어마어마한 가격의 공기업을 인수하기 어렵다. 한마디로 민영화된 기업을 받아줄 능력이 부족한 상태다.

이처럼 준비되지 않은 상태에서 민영화 드라이브는 무리한 작업이다. 억지로 민영화하는 과정에서 낭비되는 자원도 막대하다. 준비가 부족하다면 차라리 효율적인 경영을 이끌어내는 장치를 마련하는데 정력을 쏟는 것이 나을 것이다.

없는 살림에 서러운
자원 개발

이명박 정부 때 에너지 공기업을 앞세워 열을 올렸던 해외 자원 개발 사업이 상당 부분 부실투자로 판명되면서 자원외교가 조사 대상이 됐다. 지난해 국정감사에서는 에너지 공기업이 해외 광구, 광산 지분 등에 26조 원을 투자했으나 회수는 3조 원에 그쳤다는 지적도 있었다. 물론 확정된 손실은 아니지만 정부 당국자까지 경험 부족 등을 시인한 상태다. 약 4조5천억 원이 투자된 한국석유공사의 캐나다 하베스트사 인수가 대표적인 실패 사례로 꼽힌다.

한마디로 해외 자원 개발 사업은 어렵다. 우리나라는 중국과 일본의 자금력에 밀려 경제성이 입증된 광구, 광산 인수전에 제대로 붙기 쉽지 않다. 특히 중국은 저 멀리 아프리카까지 손을 뻗치며 막강한 식욕을 과시하고 있다. 저개발 국가에 좋은 조건의 차관을 제공하고 인프라 투자를 아끼지 않으면서 천연자원을 캐내고 있다. 따라서 우리나라는 아직 경제성이 입증되지 않은 곳에 위험을 감수하며 투자에 나설 수밖에 없다. 여기다 정부까지 독려했으니 공사들은 중국과 일본의 관심에서 다소 벗어난 곳에 눈을 뒀을 것이다.

세계적으로 자원민족주의가 강화되고 있는 것도 문제다. 전 세계 리튬의 절반가량을 보유한 볼리비아가 해당 자원의 가치를 뒤늦게 깨닫고 외국 기업과 자본의 광산 개발 참여를 막은 것이 대표적인 사례다.

인수하고 싶어도 눈치를 봐야 하는 경우도 있다. 한국전력공사는 공식적으로는 부인하지만 우라늄 농축과 핵연료 재처리 기술을 보유한 다국적 기업 유렌코(Urenco) 지분 인수를 검토해왔다. 한전이 일부 지분만 인수해도 원전 연료인 농축 우라늄을 보다 안정적으로 확보할 수 있게 된다. 그러나 인수 의지와 자금이 있어도 시너지가 떨어진다. 이유는 미국 때문이다. 우리나라는 한미원자력협정에 따라 미국의 동의 없이 핵연료를 농축하거나 재처리하지 못한다. 원전에 필요한 농축 우라늄은 전량 수입하고 있다. 한미 양국이 최근 원자력협정 개정안에 합의했으나 농축과 재처리에 대한 확실한 자주권을 확보하지 못했다. 여전히 미국의 판단이 중요하다. 따라서 원자력 관련 M&A는 제한적일 수밖에 없다.

또, 자원 개발 자체가 고위험 사업이다. 매장량 측정에서부터 막대한 자금이 투입되는 사업인 만큼 금융상 위험도 수반된다. 원자재 가격 변동도 예상하기 어려운 위험이다.

일단 매장량 측정이 복잡하다. 확정광량, 추정광량과 이를 바탕으로 한 가채매장량, 적정매장량도 있다. 또, 국가별로 매장량 산출 방식이 다 다르다. '매장량이 얼마'라고 단순하게 받아들이면 걷잡을 수 없는 오류에 빠진다.

비교적 장기간 사업이기에 개발 도중 금융시장 불안으로 펀딩이 제대로 이뤄지지 않을 수도 있고, 해외 사업이기에 지정학적 위험도 감안해야 한다. 투자비 이상 수익을 거둬야 하는데 원자재 가격이 떨어지면 손해를 감수하고 매각할 수밖에 없다.

그럼에도 이명박 정부가 자원 개발에 역점을 둔 것은 옳다. 화석 연료든 신재생에너지든 에너지를 갖지 못하면 나중에 더 큰 서러움을 감수해야 한다.

에너지 공기업의 투자 실패는 상당히 뼈아프다. 그렇다고 자원 개발 대열에서 이탈하면 미래에 더 큰 후회를 남긴다. 실패한 사업보고서를 '쳐다보기도 싫다'며 창고에 처박아두면 안 된다.

문제는 대통령 지시와 정부의 독려로 성과를 내야 한다는 압박에 시달린 공기업이 부실한 사전 조사로 혈세를 낭비했다는 점이다. 이런 일은 경제 분야뿐만 아니라 사회 곳곳에서 반복된다. 반복되는 교훈인데 구조상 잘 고쳐지지 않는다. 제왕적 대통령제의 폐해다. 오히려 조선 시대에는 신하들이 '아니 되옵니다'라고 반대라도 했는데 말이다.

창조경제가
뭐유

아직도 창조경제가 무엇을 말하는지 모르겠다. 어림짐작으로 유망 기술 벤처 및 중소기업 육성, 오픈마켓 활성화, 융복합 지원 등을 말하는 것 같은데, 예전부터 형성된 시장이자 트렌드이고 늘 나오던 정책 아닌가. 게다가 이 사람 저 사람이 이곳저곳 죄다 갖다 붙이는 바람에 더 헛갈린다. 심지어 대통령의 외국 순방에도 창조경제를 갖다 붙인다. 창조를 구호로 해서 될 일인지도 모르겠다. 센터를 짓고 대기업과 중소기업, 벤처기업을 만나게 해준다고 창조가 창조되는 일인지도 모르겠다. 새로운 아이디어와 기술을 지원하겠다는 뜻이라면 너무 거창하게 붙였다. 이명박 정부의 녹색경제, 상생경제는 그나마 비교적 지향하는 바가 명확했다. 2년 전 언론들이 앞다퉈 창조경제와 관련된 기획특집기사를 내보냈다. 그래서 기사를 작성한 한 기자에게 물어봤다. "읽어봐도 새로운 내용이 있는지 모르겠는데…"라고 했더니 이런 대답이 돌아왔다. "나도 몰라." 동서고금을 막론하고 정부는 창조적일 수 없다.

현재의 심각한 정보 비대칭은 정부로부터 초래된다.
특히 경제 부문이 그렇다. 각종 정보 습득은 물론 정치권이나 정부 로비도 담당한다. 정
부가 경제 살리기나 새로운 산업 육성을 위해 대책을 발표하기 전
대기업은 이를 사전에 인지하고 대비한다.

불평등의
경제

정부발 정보 비대칭이
불평등을 심화시킨다

요즘은 인터넷 포털을 통해 모든 국민이 손쉽게 뉴스를 접할 수 있다. 일부 언론은 유료 회원으로 가입해야만 뉴스를 볼 수 있도록 했으나 이에 따른 심각한 정보 비대칭이 아직 발생하지는 않고 있다. 종이신문이면 모르겠지만 아직 인터넷상으로 보는 뉴스에 기꺼이 돈을 지불하는 국민은 많지 않다. 반면 기관이나 전문 투자자는 월 수십만 원에서 수백만 원 하는 금융정보 단말기를 이용하면서 개미들과의 불공정한 경쟁을 하기도 한다. 물론 쏟아지는 수치나 약간의 뉴스가 반드시 투자 성공을 보장하는 것은 아니다. 또, 인맥을 동원하면 유료 뉴스를 적절하게 볼 수 있는 편법도 있다. 하지만 엄연한 자본주의 사회에서 노동력과 지식이 들어간 정보를 무조건 공짜라고 여기는 인식은 잘못됐다. 앞으로 소득불평등만큼 뉴스나 데이터가 우리를 차별하는 풍경이 짙게 나타날 것이다.

그보다 현재의 심각한 정보 비대칭은 정부로부터 초래된다. 특히 경제 부문이 그렇다. 대기업에는 대관 업무라는 것이 있다. 각종 정보 습득은 물론 정치권이나 정부 로비도 담당한다. 정부가 경제 살리기나 새로운 산업 육성을 위해 대책을 발표하기 전 대기업은 이를 사전에 인지하고 대비한다. 그 대비란 관련 계열사를 설립하거나 인수하는 것이다. 때로는 정부 발표보다 앞서 관련 로드맵을 발표하기도 한다. 이런 식으로 정부 돈을 손쉽게 받아낼 수 있다. 대관업무 담당자 외에 정부에 포진해 있는 '○○장학생'을 통해 정보를 얻기도 하고, 정부 고위 관계자와 기업 CEO급의 이른바 '고공 플레이'로 정보 취득과 로비 활동을 벌이기도 한다. ○○장학생은 기업의 지원으로 학업을 한 사람을 의미한다. 정부에도 있고 정치권과 언론에도 있다. 상대적으로 정부발 정보를 얻는 데 제한적인 중견, 중소, 벤처 기업들은 시작부터 한 발이 아닌 여러 발 늦게 된다. 정부 지원 대책이나 자금 집행이 잘못됐다기보다는 정부가 정보 비대칭을 별다른 양심의 거리낌 없이 초래하고 있다는 데 문제가 있다.

투자 시장에서도 마찬가지다. 시장에서 역으로 발표되지 않은 정부 대책이 파악되는 경우가 있다. 정부가 전문가들에게 의견을 수렴하는 과정에서 관련 정보가 샐 수도 있다. 인맥, 혈맥, 학맥 등으로 얽힌 관계에서 유통되기도 한다. 2000년대 초 통계청이 발표하는 거시지표가 2~3일 전 시장에서 미리 파악됐었다. 시장에서 얻은 정보가 기사화되자 재정경제부(현 기획재정부)와 통계청이 엠바고 위반이라고 항의했으나 엄연히 엠바고 위반은 정부가 한 것이다. 결국, 문제의 심각을 깨달은 통계청이 시장 개장 전에 보도자료를 배포하는 등 엠바고 시간을 변경했다.

정부발 정보 비대칭을 근절하기는 어렵다. 우리나라뿐만 아니라 시장경제를 영위하는 국가에서는 항상 존재하는 문제다. 그래도 가만 놔두는 것은 기회 불평등, 경제 불평등을 심화시키는 일이다. 시장과 언론이 끊임없이 문제를 제기하고 사정기관이 집요하게 조사하는 수밖에 없다. 주식시장에서는 증권거래법상 상장법인의 미공개 정보를 이용한 주식거래를 엄격하게 금지하고 있지 않은가.

기업과 국회,
언론의 삼각 커넥션

　이명박 정부가 집권 후반기에 상생을 강조하면서 대기업을 '조금' 못살게 굴었다. 그러나 박근혜 정부에 들어오면서 규제 개혁이 중요한 화두로 등장했다. 이에 따라 각종 규제로 기업이 자유롭게 활동하지 못하는 피해자로 인식되는 듯한 분위기다. 물론, 글로벌 스탠더드나 시대에 맞지 않는 규제는 고쳐야 한다. 단, 여기서 글로벌 스탠더드는 미국식이 아닌 비슷한 경제발전도와 규모를 가진 국가나 유럽을 포함한 선진국이 벤치마크 대상이어야 한다.

　반면, 마땅히 규제해야 하는데 유야무야 넘어가는 사례도 많다. 경제 관련 시민단체나 일부 언론이 지적해도 움직임이 잠깐 있다가 국회에서 낮잠을 자는 법안도 있다. 국회의원이 자발적으로 처리하지 않거나 외면하지는 않는다. 대부분 기업의 로비(대관 업무라고 한다)가 강하게 작용한 것이다. 기업 규모가 크면 클수록 여야 의원과 두루두루 관계를 맺는다. 기업의 후원금은 국회의원에게 없어서는 안

될 중요한 자금원이다. 가끔 신고하지 않은 불법 정치 자금도 문제가 되지 않는가. 이러한 기업의 로비가 작용하지 않는 국회의원도 있다. 그런 국회의원은 동료 의원은 물론이고 기업들 사이에서도 '꼴통'으로 찍힌다.

그러나 국회의원도 법안을 반대하거나 처리하지 않을 때는 명분을 필요로 한다. 이때 기업은 언론에 로비를 한다. 반대 논리를 실어 달라는 요청이다. 로비 방식은 당연히 광고 게재나 행사 협찬이다. 기업을 중심으로 한 국회와 언론의 삼각 커넥션이다. 또, 최근에는 점점 더 많은 시민단체가 중간에 끼어들어 사각 커넥션을 형성하고 있다.

일부 국회의원은 기업이 자신에게 소홀히 대하고 있다고 생각하면 죽어있던 규제 법안을 꺼내 들기도 한다. 관심을 가져달라는 말이다.

이러한 현상은 비단 우리나라에서만 벌어지는 일은 아니다. 미국에서는 아예 노골적으로 벌어진다. 예를 들어, 총기를 규제해야 한다는 여론이 아무리 높아도 총기협회 로비 공세를 받은 공화당과 일부 민주당 의원은 뻔뻔하게 법안을 처리하지 않는다. 미국이 전쟁을 벌이는 중요한 이유 중의 하나도 주기적으로 무기를 소비해야 하는 방산업체의 작업 때문이라는 것은 공공연한 비밀이다.

다만, 시간이 지나면서 기업과 언론의 커넥션 고리가 단단해지고 있다. 정부와 국회 로비보다 언론을 통해 여론을 환기 또는 압박하는 횟수가 많아지고 있다.

어떤 논리로 반대하든
지역 균형 발전은 무조건 옳다

어릴 적 아버지가 돌아가시고 어머니가 지방 소도시에서 작은 가게를 하며 하나밖에 없는 아들을 키워냈다. 어머니는 그 아들이 커서 서울에 있는 대학에 진학할 때 주변 사람들을 모아 잔치를 벌일 정도로 기뻤다. 그러나 아들이 서울에서 '번듯한' 직장을 갖기 바랐던 어머니는 졸업 후 아들이 어머니 건강이 걱정된다며 자주 뵐 수 있는 가까운 곳에 직장을 구하겠다고 했을 때 강력하게 반대했다. 사실 아들은 대학 시절 학생운동에 가담하면서 제대로 졸업도 하지 못해 가짜 졸업식을 했다. 운동에 투신하자니 눈물지을 어머니 생각에 용기가 나지 않았던 아들은 서울에 '번듯한' 직장을 구하기 어려웠다. 하지만 지방에서는 마땅한 일자리 자체가 거의 없었다. 결국, 뒤늦게 자격증 준비를 했고 밤낮없이 공부에 매달려 간신히 '서울에 있는' 사무실에 자리를 잡을 수 있었다.

필자의 대학 친구 얘기다. 친구 어머니는 아들이 서울에 있는 대학에 진학할 때 그동안 겪었던 모든 고생이 눈 녹듯이 사라졌으리

라. 그러나 서울에 있는 대학이라고 해서 탄탄대로를 보장해주지는 않는다. 지방에 있는 대학은 더 암담하다. 또 서울 생활이 출세를 보장하는 것은 아님에도 지방 생활은 훨씬 녹록치 않다. 따라서 모로 가도 서울만 가면 되는 식으로 산다.

세종시로 간 공무원이나 지방으로 뿔뿔이 흩어진 공공기관 직원이나, 어쩌다 가끔 만나면 불편하다는 하소연뿐이다. 적잖은 수가 기러기와 주말 부부를 하고 있다. 기혼자들 대부분은 자녀 교육 문제 때문에 떨어져 산다. 미혼자들도 장거리 연애를 해야 한다. 협조 업무나 보고 때문에 서울을 왔다 갔다 하는 것도 불편하고 비용은 비용대로 든다. 부처를 들락날락해야 하는 민간 기업도 불편하기는 마찬가지다.

충분히 이해되는 내용이다. 막상 자신의 일이 되면 한숨부터 나올 것이다. 시간과 비용 낭비, 업무의 비효율성 등은 지방 이전 반대론자들의 단골 논리다. 당초 정치적 목적으로 추진된 것으로서 지방 부동산 가격 상승에 따른 기업의 해외 이탈을 부추겼다는 비판도 잇따른다. 유치 경쟁에서 탈락한 지역은 볼멘소리를 내고 있고 일부 수도권 지역 주민들은 노골적으로 상권 붕괴, 부동산 가격 하락을 들어 아직도 반대 운동을 벌이는 중이다.

이 모든 불편함과 시끄러움을 고려하더라도 지역 균형 발전은 무조건 옳다. 오히려 지방으로 이전하는 민간기업에 세금 감면 등 인센티브를 줘서라도 더 강하게 추진해야 한다. 현재의 수도권 규제 완화는 잘못된 정책이다. 공장만 이전하는 것이 아니라 아예 본사 자체도 지방으로 이전토록 유도하는 방안을 적극적으로 고려해야 한다. 정치적 목적으로 추진됐다며 반대하는 목소리를 자세히 보면 극도의 탐욕과 이기심에서 비롯된 의도가 있다. 자신들이 사놓은 부동산 가격 하락이 가장 큰 배경이다. 또, 수도권 거주가 무슨 특혜인가. 업무 효율성이 떨어진다고들 하는데 수도권 과밀화로 나쁜 공기 마시며 길바닥에서 시간을 다 버리는 것은 좋은가. 서울의 집값은 물론 주변 베드타운 집값이 정상적이라고 생각하는가. 비싼 등록금 내야 하는 사립 고등학교에서 수도권 명문대 진학자가 갈수록 많아지고 있고 명문대 출신의 소득도 지방대 출신과 더 벌어지고 있다.

수도권 과밀화는 부의 대물림도 초래한다. 각종 지표가 말해주고 있듯이 지방경제는 거의 파탄 지경이다. 소득불평등을 해소하기 위해서라도 수도권은 기득권 아닌 기득권을 내려놓아야 한다. 기업이 정말 수도권 규제와 지방 부동산 가격 상승으로 해외로 이전한다면 일시적인 과도기적 현상이다. 또, 언젠가는 해외로 떠나야 하는 기업일 것이다. 시키지 않아도 지방자치단체는 해외 기업 유치를 위해 노력하고 있다.

가끔 서울 시내를 다니다 보면 숨이 막힌다. 분노 조절 장애가 개인 문제를 넘어서 사회 문제화되고 있는데 과밀화도 중요한 원인 중 하나 아니겠는가. 지역 균형 발전은 그 어떤 반대 논리에도 무조건 옳다. 지방의 인프라 부족으로 당장 '타향살이'를 해야 하는 지인들에게는 미안하지만, 나중에 훌륭한 선택을 했다고 기뻐하는 모습을 보고 싶다.

투자라는 행위를 하려면 지나치게 정보에만 의존하지 말고 공부를 해야 한다.
각종 관련 서적이 어렵다면 이해될 때까지 펀드 판매자나 주식 영업사원에게 묻고 또 물어야 한다.
세상에 쉽게 벌리는 돈은 없다.

국민을
투기판으로
모는 사회

/
대체 회사채 기사를
왜 씁니까

　기자 시절 한 투자자에게 전화를 받은 적이 있다. 그는 다짜고짜
소리를 버럭 지르면서 회사채 발행 기사를 왜 썼느냐고 따져댔다.
이 때문에 해당 기업 주가가 떨어졌다는 것이다. 취재를 통해 공시
보다 먼저 쓰기는 했지만, 대규모 회사채 발행은, 더구나 공모를 통
해 발행하는 채권은 공시(금융감독원 전자공시시스템에서 검색하면 쉽게 찾
아볼 수 있다)가 의무화돼 있다. 누구나 알 수 있는 재료라는 의미다.
또, 채권 발행 주관사가 투자자를 모집하는 과정에서 이미 해당 정
보가 시장에 떠돌아다닌다. 당일 해당 기업 주가가 왜 떨어졌는지
는 알 수 없지만 회사채 발행 때문만은 아닐 것이다. 기업이 빚낸다
는 소식이 호재일 수는 없지만 주가까지 떨어뜨릴 정도의 악재는 아
니다. AAA등급의 우량 기업도 채권 발행을 통해 조달한 자금을 활
용한다. 써야 할 돈과 들어오는 돈 사이에 일시적인 불일치가 발생
할 수도 있다. 이러한 내용을 투자자에게 차근차근 설명했는데도 그

는 막무가내로 기사를 빼라고 요구했다. 하도 기가 막혀서 "그런 상식으로 주식투자 하지 마세요. 위험합니다."라고 말한 뒤 끊었다. 금융시장을 취재하다 보면 가끔 이런 투자자가 아직도 있나 싶을 때가 있었다.

펀드 관련 책을 냈던 지인이 백화점 측으로부터 문화센터에서 재테크 강의를 해달라는 요청을 받았다. 지인은 펀드의 개념부터 투자 방법까지 설명할 요량으로 강의 원고를 여러 번 다듬고 갔는데 제대로 된 강의는 단 5분밖에 못 했다. 펀드 개념을 설명하고 있는데 수강생 중 일부가 '아 그런 설명은 됐고, 그래서 어느 펀드에 투자해야 되느냐'고 질문을 했기 때문이다. 지인은 펀드를 찍어주려고 온 것이 아니라 펀드 투자에 대한 전반적인 강연을 요청받았다고 강조했다. 그러나 수강생 일부는 재미없는 얘기하지 말고 좋은 펀드를 소개해 달라고 떼썼다. 지인이 그렇게는 말씀드리지 못한다고 했더니, 그러면 당신이 투자한 펀드는 뭐가 있느냐고 취조하듯 물어댔다. 적립식 펀드 2개를 말했더니 열심히 받아 적더란다. 그중에 하나는 높지는 않지만 안정적인 수익률을 내고 있었으나 다른 하나는 한때 수익률이 -40%까지 '박살'이 났던 해외 펀드였다. 지인은 이러다 소송하는 수강생이 있을까 겁난다며 씁쓸하게 웃었다.

이런 식의 투자는 반드시 실패한다. 소위 전문가의 '찍기 추천'으로 운 좋게 한두 번 수익률을 낼 수도 있겠지만 장기간으로 볼 때 원금이라도 보존하면 다행이다. 투자라는 행위를 하려면 지나치게 정보에만 의존하지 말고 공부를 해야 한다. 각종 관련 서적이 어렵다면 이해될 때까지 펀드 판매자나 주식 영업사원에게 묻고 또 물어야 한다. 세상에 쉽게 벌리는 돈은 없다.

주식 없는 사람조차
주가 스트레스

스트레스 없는 직업이 있을까마는, 국민연금 기금운용본부장은 우리나라에서 가장 피곤한 자리 중 하나일 것이다. 주가가 연일 급락하면 보수든, 진보정권이든 정치권과 정부는 국민연금을 찾는다. 우리나라 주가가 저평가돼 있다고 하니 국민연금이 매입했다가 나중에 이익을 내면 누이 좋고 매부 좋은 일 아니냐고 설득(?)하는 국회의원이나 정책당국자는 양반이다. 일부 몰지각한 높으신 분들은 기금운용본부장에게 대뜸 전화해 '돈 많은 국민연금이 주가를 받치지 않고 뭐 하고 있냐'고 호통을 친다. 마치 맡겨놓은 돈처럼. 적어도 국민연금을 취재했던 2000년대 중반에는 그랬다. 양심은 있는지 국정감사에서 주식투자 손실에 대해서는 지적하지 않고 대체투자 중 손실 난 부분을 지적하기도 했다. 하지만 그나마 각종 안전장치를 만드는 대체투자보다 주식투자가 훨씬 더 위험하지 않은가. 연기금 운용으로 수익성과 안정성을 모두 잡으면 좋겠으나 둘 중 하나를 고르라면 당연히 안정성이다. 또, 천문학적인 자금을 쥐고 있는 국민연금이 국내 주식시장에 적극적으로 참여할 경우 시장 자체가 국민연금에 좌지우지되는 상황이 벌어진다. 이미 국고채 등 채권시장에서 국민연금의 영향력은 일반 국민의 상상 이상이다.

이를 제쳐놓고 국민연금 바라기 현상이 계속 이어지는 이유는 무엇일까. 과거 주가 그래프와 집권당 지지율의 상관관계를 분석한 보고서도 있었지만, 표를 의식해 국민연금 등 연기금을 주식시장으로 내모는 행위는 무책임한 짓이다. 줄기차게 우리나라 주가가 저평가돼 있다고 하는데 장기간 이런 상황이라면 현재 주가는 지정학적 위험 등 모든 요소가 반영된 것이다.

언론도 주가 스트레스에 한몫을 한다. 예를 들어, 종합주가지수 2,000선 등락이 무슨 정전협정 전에 고지 탈환 전투를 벌이는 것처럼 흥미진진하게 중계된다. 2,000선에서 밀려 며칠 계속 떨어지면 마치 국가 경제가 망할 것 같다. 대세 하락기로 접어들면 정부에서 수수료 감면, 세제 혜택 등 '얄팍한' 주가 부양 대책을 낸다. 외국인 투자자의 일방적인 투매나 취약해진 심리로 떨어질 때도 있으나 어떻게든 형성된 가격을 억지로 끌어올리는 일을 반복하고 있다. 최근에는 주가 2,100선 돌파를 놓고 생중계를 하면서 이런저런 분석이 한창이다.

물론, 이론적으로 주가는 실물경제나 기업의 상황을 반영하고 다시 실물경제나 기업에 영향을 미친다. 그러나 단타 투자자처럼 온 나라가 일희일비할 일은 아니다. 더구나 안방에서도 세계 각국의 주가 흐름을 볼 수 있는 시대다. 구축해놓은 알고리즘을 통한 기술적인 매매도 늘어나고 있다. 펀드를 통한 간접투자 증가로 예전처럼 단기 주가 움직임에 따라 일반 투자자의 호주머니에 당장 변화가 있는 것도 아니다. 과거 벤처 버블 시에는 한국의 월가인 여의도가 흥청망청했었으나 이제는 주가지수가 오르든 말든 여의도 경기는 큰 변화가 없다는 점이 이를 반영한다. 게다가 주가지수 2,000선 자체가 대체 무슨 의미가 있는지도 모르겠다.

그런데도 전 국민을 마치 투기판 중계 시청자처럼 몰아붙이는 형국이다. 우리나라에 전업 데이트레이더가 그렇게 많았던가. 또, 언제부터 전업 데이트레이더가 이처럼 한 국가 경제 전체에 걸쳐 중요한 주체였던가.

주식 직접투자는
하지 마라

2004년 초로 기억한다. 코스닥시장을 취재하던 시절 친구로부터 전화를 받았다. 오랜만에 근황을 묻는 전화였는데 코스닥을 담당하고 있다고 하니까 대뜸 주식 좀 추천하란다. 나중에 원망 듣기 싫다고 거절했으나 친구는 자꾸 졸라댔다. 그래서 삼성전자 같은 안정적인 대기업 주식을 사서 오래 묵혀두라고 했더니, 그런 비싼 주식은 살 돈이 없고 싸지만 오를 주식을 알려달라고 했다. 욕을 섞어서 "내가 그렇게 잘 알면 기자 하겠냐, 전업투자자를 하지"라고 해도 막무가내였다. 할 수 없이 당시 성공적으로 주력 제품 전환에 성공했던 기업 주식을 권했다. 새로운 제품군에서 성과를 내기 시작했고 이런 추세면 취약한 재무구조도 좋아질 것이라는 설명도 곁들였다.

몇 개월 후에 다른 부처 담당으로 발령이 나서 코스닥 시장에 그다지 관심을 두지 않다가, 문득 해당 기업 주가가 궁금해서 열어보니 무려 1년 사이에 5배가 올라있었다. 괘씸한 생각에 연락을 했더니 친구는 매입 후 2개월 동안 주가가 지지부진해 참다못해 본전에 팔았다고 했다. 그러면서 "지금이라도 살까?"라고 되묻는다. 지금은 해당 기업에 대해 자세히 몰라서 책임질 수 없다고 답했다. 몇 년 후 어떤 뉴스가 눈에 들어왔다. 그 해당 기업이 또다시 주력 제품군을 바꿨으나 제대로 실적을 내지 못했고, 노사 갈등으로 우여곡절을 겪다가 상장 폐지됐다는 것이다. 다행히 친구는 주식을 사지 않았다고 했다.

2004년에 친구에게 준 것은 단기 투기성 정보가 아니었다. 하지만 개인들은 좀처럼 참지 못한다. 그렇다고 전업투자자처럼 기술적 분석이든 호재성 정보든 초단타 매매를 할 수도 없다. 점심에도 샌드위치 먹어가며 수많은 보고서를 읽고 분석해야 그나마 돈을 벌 '가능성'이 있다. 따라서 개인들은 그저 '아는 사람을 통해 들은 정보'에 귀를 팔랑대며 투자하는 경우가 많다. 제법 기업과 주식을 아는 사람이라도 예상치 못한 악재로 주가 급락 시 손절 라인을 정하지 못해 홀라당 까먹는 경우가 많다. 비싸더라도 믿을 만한 기업 주식을 사서 몇 년 묵혀둘 자신이 없으면, 또는 실시간으로 초단타가 가능한 전업투자자가 아니면 주식에 직접투자를 하지 말아야 한다. 필자 역시 친구가 아무리 졸라도 투자 팁을 말하지 말았어야 했다. 돌이켜보면 상당히 위험한 일이었다.

투자의 귀재로 불리는 워런 버핏 버크셔 해서웨이 회장은 가치투자로도 유명하지만 장기투자자로도 모범이 되고 있다. 그는 단순히 싼 주식을 원하는 것이 아니라 주식에 내재돼 있는 가치를 발견해 기꺼이 거금을 투입한다. 일반투자자가 미처 생각하지 못한 투자처를 발굴해내는 능력이 탁월한 것이다. 내재된 가치보다 가격이 싸다고 생각할 때 투자하는 것은 당연하다. 그만큼 해당 기업을 면밀하게 파악하고 있다는 뜻이다. 또, 한번 투자를 실시하면 장기간 보유한다. 중단기적으로 주가가 떨어졌다고 일희일비하지 않는 것이다. 이러한 투자의 귀재도 실패한다. 워런 버핏은 영국 최대 슈퍼마켓 체인인 테스코(Tesco)에 대한 투자 실패를 인정했다. 또 (실패를 인정하고 있지는 않지만) 세계 최대 컴퓨팅 서비스 업체인 IBM에도 주가 하락으로 인한 평가손실이 1조 원에 육박한 것으로 전해졌다.

증권사 보고서도 문제다. 그동안 언론을 통해서 증권사 보고서가 매수 추천 일색인 이유에 대해 여러 차례 보도됐다. 기업에 대해 '을'인 증권사가 매도 추천을 했다가는 영업 길이 끊긴다. 그래서 오히려 호재도 없는 기업을 잔뜩 띄워준다. 애널리스트들의 사견은 조직의 이익에 묻힐 수밖에 없다. 자정 움직임이 있지는 하지만 얼마나 독립적으로 보고서를 발표할 수 있을지는 의문이다. 지난해 개인들이 가장 많이 사들인 조선과 정유, 화학주들은 거의 반 토막이 났다. 적잖은 증권사들이 유망한 업종이라고 추천했던 종목들이다. 코스피 자체도 G20 국가 중 러시아 다음으로 부진한 성적을 보였다. 역시 지난해 상승 추세를 예상한 증권사 보고서는 '오보'가 됐다.

최근에는 주식보다 더한 투기인 선물 옵션까지 있다. 좋은 정보 있으니 돈 불려주겠다는 사람한테 빚까지 내서 돈을 맡기는 사람도 많다. 결국, 망해서 극단적인 선택까지 하는 사람을 너무 많이 봤다. 어느 증권사 간부로 계신 분이 한 말이 있다. "개인이 선물거래로 3개월 동안 손실을 입지 않았다면 재주가 좋은 사람이고, 6개월 동안 손실을 입지 않았다면 천재다."

그렇다면 펀드로 대변되는 간접투자가 정답일까. 펀드 투자도 당연히 손실을 입을 수 있다. 당연히 채권형보다 가격 변동성이 큰 주식형이 더 위험하다. 심지어 예상치 못한 상장 건설사의 부도로 해당 회사채에 투자한 펀드가 박살이 난 경우도 있었다. 또 국내보다 해외투자가 더 위험하고 비용도 많이 든다. 다만, 전문가가 운용하는 펀드 투자가 직접투자보다 그나마 안전하다는 뜻이다.

채권형 펀드 이상의
수익률 노렸으면 원망도 말아야

시중에 재테크 관련 서적이 넘쳐난다. 자극적인, 때로는 오기를 불러일으키는 제목으로 꽤 인기 있는 재테크 서적도 있다. 장기간 저금리 시대가 이어지면서 재테크에 대한 관심은 여전하다. 그러나 아무리 찾아보고 읽어봐도 앞서 언급한 문화센터 수강생들의 욕구를 채워주는, 콕콕 집어 고수익률을 쏟아낼 것만 같은 내용은 없다. 관련 투자처나 상품을 우선 이해하고 잘 고르는 방법을 안내해주는 정도다. 잘 고르는 방법을 소개하면서 주시해야 될 리스크도 살짝 언급된다. 전문 지식이 없는 일반인이 이해하기 어려운 내용도 많다. 관련 책을 달달 외웠다고 '백전백득'하는 것도 아니다. 왜냐하면 재테크 서적의 저자는 물론이고 시장에서 날고 긴다는 전문가들도 투자 위기를 겪기 때문이다. 그렇다고 일반투자자가 워런 버핏의 원칙을 고수하기도 어렵다. 해당 원칙에 맞는 주식은 비싼 경우가 많다. 장기 보유도 웬만한 참을성으로는 지키기 어려운 원칙이다.

일맥상통하는 투자 관련 진리는 '계란을 한 바구니에 담지 말라' 정도일 것이다. 어떻게 하면 욕심부리지 않고 손절을 잘할 수 있는지도 인도해준다면 금상첨화다. 그만큼 투자에는 반드시 위험이 따른다. 은행 예금조차 일종의 투자다. 은행이 망하면 5천만 원 이상의 예금은 보상받을 수 없다. 하물며 주식 직접투자는 물론 펀드도 고수익률이 보장된 투자처가 아니다. 이른바 부동산 불패의 신화는 2008년부터 여지없이 무너졌다. 그럼에도 여전히 주식 종목 찍기와 부동산 찍기 강좌는 인기다. 도움을 받은 투자자도 있겠지만 손실을 입거나 여기저기에서 투자자금을 끌어모으다 결국 도망 다니는 신세도 있을 것이다. 어떤 시장이든지 개인은 기관투자자를 이기기가 무척 어렵다.

예금 금리보다 높은 수익률을 원한다면 차라리 채권형 펀드가 낫다. 물론 채권형 펀드도 100% 안전하지는 않다. 원론적으로 말하면 국공채를 주로 담는 채권형 펀드도 국가가 위기에 빠지면 원금 손실을 낸다. 수익률은 낮지만 그나마 안전한 투자 대안이 채권형 펀드라고 할 수 있다.

투자에 대한 책임은 철저히 본인에게 있다. 금융회사의 불완전 판매도 문제지만 개인 역시 약관을 꼼꼼히 살펴보고 이해될 때까지 따지고 물어야 한다. 금융감독원이 받는 민원을 보면 주로 투자 손실에 대해 억울하다는 내용이 많지만 어거지인 경우도 적지 않다고 한다. 안전 자산 투자라는 채권형 펀드 이상의 수익률을 노렸다면 그 위험도 고스란히 본인 몫이다.

저축은행, 공제회가
힘들어하는 이유

    교직원공제회, 군인공제회, 행정공제회 등 특수직 공제조직은 특별법에 의해 설립되고 운영된다. 연기금처럼 '빵꾸' 나면 정부가 손실을 보전하게 돼 있다. 공제회는 연기금과 비슷하면서도 약간 다른 고민을 안고 있다. 연기금의 '더 내고 덜 받는' 개혁보다 일단 은행 금리에서 최대 2배나 높은 회원 지급률을 낮춰야 하는 것이다.

    많은 공제회는 아직 재정적으로는 여유가 있지만 회원 지급률이 현재처럼 높으면 수급 구조의 변화보다 투자시장 변화에 따라 크게 흔들릴 수 있다. 만약 회원 지급률이 5%대라면 이를 맞추기 위해 6~7% 이상의 수익률을 보장하는 투자처를 찾아야 한다. 그 정도의 수익률을 안정적으로 보장해줄 수 있는 투자처는 한마디로 '없다.' 어느 정도 리스크를 안아야 한다. 한때 최고 수준의 지급률을 보장했던 일부 공제회는 부동산 프로젝트 파이낸싱(PF)에 집중했다가 지난 2008년 글로벌 금융위기 이후 몇 년 동안 고생한 바 있다.

그러나 국민연금 개혁에 일반 국민이 반대하듯이 특수직인 교사와 군인, 공무원들도 지급률 인하에 인색하다. 이는 욕심을 넘어 위험한 일이다. 공제회 직원들에게 투자가 아닌 투기를 하라고 요구하는 셈이다. 이대로 가다가는 공무원연금 개혁처럼 공제회도 개혁 대상이 되지 말라는 법은 없다.

저축은행도 마찬가지다. 저축은행이 연쇄적으로 무너질 때 예금자들은 아우성쳤다. 저축은행이 부실 경영, 일부는 사기 경영을 했다며 억울함을 호소했다. 감독 부실도 속 터질 노릇이다. 그러나 저축은행은 시중 은행 예금 금리는 물론 웬만한 채권형 펀드 수익률 이상을 제시하며 돈을 끌어들였고, 높은 수익률을 내기 위해 부실한 담보를 잡고 부동산 프로젝트 파이낸싱 등에 참여했다. 시중 은행이 사업 대상지의 노른자 땅을 담보로 돈을 내줬다면 저축은행은 주변의 개발 가치가 크지 않은 자투리를 잡고 투자를 했다. 사업 대상지를 실제로 방문해보면 저축은행이 얼마나 부실한 담보를 가지고 투자 안전장치라고 했는지 한심할 정도다. 물론, CEO와 임직원의 모럴 해저드도 있었으나 이를 저축은행 부실의 모든 원인으로 볼 수는 없다. 욕심에는 위험이 따른다.

/

투자처가 없어
사기꾼이 날뛴다

　빌 게이츠 마이크로소프트(MS) 창업자가 혁신기업으로 인정했던 종합가전기업 모뉴엘이 허위 매출채권을 담보로 은행 등에 대출을 받다가 파산했다. 매출을 속인 것도 괘씸한데 홍콩에 위장 조립공장을 세워 실사가 있을 때만 현지인을 고용해 조립라인이 분주히 돌아가는 것처럼 '연기'한 수법에 어이가 없다. 회계 부정은 동서고금을 막론하고 벌어지는 일이다. 그러나 비록 비상장사이지만 모뉴엘처럼 이름 있는 기업이 마치 프랜차이즈 사업자가 장사가 잘 되는 것처럼 연출해 가맹점을 모집하는 사기와 다를 바 없는 행위를 한 것이다. 더구나 모뉴엘은 코스닥 상장사를 자회사로 둔 기업이다. 필자가 만난 해외 사모투자펀드(PEF) 관계자도 모뉴엘을 투자대상에 올려놨었다며 우리나라 기업의 회계를 어떻게 믿겠느냐고 가슴을 쓸어내리기도 했다. 국내 상장된 일부 중국 기업에서 터진 회계 문제를 한껏 비웃었던 우리가 부끄럽게 됐다.

최근 우리나라뿐만 아니라 세계 경제가 침체 상태에 있다. 그런데 양적 완화 정책으로 시중에 돈은 많다. 좋다고 하는 투자 대상에는 돈이 몰리기 마련이다. IT 기술 발전으로 새로운 형태의 사업도 많다. 전문 엔지니어가 아니고서는 제대로 된 기술인지 파악하기 어렵다. 혁신 기술이라고 강조할수록 시장 조사가 제한적이다. 이럴 때 가장 기승을 부리는 것이 사기꾼이다.

특히 몇 년 전부터 부자들이 '계' 대신 돈을 모으는 펀딩을 통해 재산 증식에 나서고 있다. 당연히 그쪽에도 사기꾼이 들끓는다. 유명한 금융회사의 한 간부는 "조금 과장해서 투자 제의가 10건이면 12건이 사기"라며 "검증하다가 시간을 다 보낸다. 제도권 금융회사에도 이런 사기꾼이 들끓는데 일반투자자에게는 오죽하겠느냐"고 말했다. 금융회사의 경우 투자 건을 검증하는 나름대로의 프로그램을 갖추고 있다. 그러나 개인투자자의 경우 검증하기 쉽지 않다. 직접 눈으로 확인하고도 얼마든지 속을 수 있는 세상이다.

전통적인 회계 부정이나 시세 조정, 미공개 정보 이용 사례도 끊임없이 나오고 있고, 검증이 어려운 해외 투자 관련해서도 현란한 미사여구로 돈을 끌어모은다. 왜 저런 말에 넘어갈까 싶지만 욕심이 앞서면 혹하게 돼 있다. 부동산 경기 침체와 저금리, 전 산업의 레드오션화로 예전처럼 화끈하게 돈을 불릴 데가 줄어드니 더욱 귀가 솔깃해진다. 일자리가 줄어들고 자영업이 급속도로 팽창되면서 창업 사기도 갈수록 늘어나고 있다고 한다. 또, 수수료 한 푼이라도 아끼려는 수요로 직거래가 늘어나면서 그만큼 피해 사례도 증가하고 있다. 경제 침체와 양적 완화 정책이 계속되는 한 이러한 사기 사례는 더 많아질 것이다.

경제사범에 대한 단속과 처벌이 강화된다고 해도 한번 잃은 돈을 되찾기는 상당히 어렵다. 확인하고 또 확인하는 수밖에 없다. 그럴 듯하게 보여도 의심하고 또 의심하는 수밖에 없다. '투자를 유도하는 사람의 말처럼 대박 아이템이 있다면 달러 빚을 얻어서라도 본인이 직접 할 것이지'라는 의심부터 가져야 한다. 또, 빠른 투자 의사결정을 요구할수록 사기일 가능성이 크다. 현장 실사가 아니라 '현장 감시'가 필수다. 모뉴엘 사태로 M&A 시장에서는 회사 공장 앞에서 며칠 동안 망원경으로 제대로 가동되는지 감시해야 하는 것 아니냐는 말까지 나온다. 다시 언급하지만 쉽게 버는 돈은 없다.

2부

거미줄처럼 얽힌 지배구조가 해소돼 말 그대로 재벌 해체가 이뤄진다고 해서,
설사 외국 자본에 넘어가거나 내부거래 감소로 대기업이 망한다고 해서 우리나라가 망하는 것은 아니다.
재벌이 곧 국가 경제라는 등호는 어떤 세력이 머릿속에 심어놓은 잘못된 인식이다.

재벌, 대기업을
어떻게
할 것인가

/

그나마도 시들해진
동반성장

이명박 정부는 집권 후반기 국정 운영 핵심으로 동반성장 카드를 꺼내 들었다. 힘없는 중소기업에 대한 대기업의 '갑질'을 견제하고 대-중소기업이 같이 사는 상생경영으로 함께 발전하자는 취지다. 동반성장위원회가 설치되고 공정거래위원회가 대기업 감시자로 앞장섰다. 정부의 압박에 대기업은 기금을 조성하고 하청 또는 납품업체 교육, 해외 동반 진출 등 대책을 쏟아냈다. 제때 대금을 결제하는 한편, 납품 단가를 후려치거나 비용을 전가하는 등의 행위를 지양하겠다고 밝혔다. 대기업 성장률이 중소기업을 압도하고 경제가 어려워질수록 도산하는 중소기업이 늘어나는 현실에서 어떻게 보면 뒤늦은 대책이기도 했다. 공정위는 집요하게 '갑질'을 파헤쳤고 동반위는 동반성장 성적표를 매기며 대기업을 압박했다.

동반성장 카드는 어느 정도 효과를 거뒀다. 대기업은 내부 구매부서 등을 단속하고 몇 가지 '공약'을 하기 시작했다. 또, 그 공약을 하나둘씩 이행했다. 유통업체들은 입점업체에 부과하는 판매수수료율을 낮추기도 했다. 만약 진보정부가 이런 일을 했다면 어떤 역공을 받았을지 모를 정도였다. 덕분에 집권 말 레임덕을 걱정해야 할 보수정부가 헤게모니를 쥐었고 적어도 박근혜 정부 창출에도 일정 부분 기여했다고 본다.

물론, 동반성장은 구조적으로 한계가 있는 정책이다. 대기업 구매 담당자들은 '적량을 적가로 적기에 공급'하는 임무를 가진다. 하청 또는 납품업체를 못살게 굴수록 본인들의 인사고과가 좋아진다. 특히 납품단가를 낮출수록 더욱 일 잘한다고 평가받는다. 모 중소기업 사장은 "알려진 만큼 피부로 와 닿지 않는다. 불합리한 관행은 여전하다. 보복이 두려워 말 못 하는 것도 여전하다"고 전했다. 또, 하청업체 중에서 1차 협력사가 2차 협력사에, 2차 협력사가 3차 협력사에 횡포를 부리는 일을 막는 데는 상대적으로 미흡했다. 정부도 인지를 하고 있었으나 너무 광범위하고 몇 단계의 하도급으로 이뤄져 있는 산업일수록 의존도가 심하기 때문에 섣불리 자발적인 신고를 받기 어려운 점도 작용했다.

그러나 당장 정부가 바뀌면서 공정위가 상대적으로 조용해졌다. 동반성장을 목적으로 조성되는 기금에 출연키로 한 약속을 이행하지 않는 대기업이 생겨났다. 급조된 대기업의 내부 감시조직도 이명박 정부 시절보다 눈에 띄게 위축된 것으로 알려졌다. 경기 침체에 따른 실적 부진이라는 현실론 때문에 더 그렇다. 일부 유통 대기업은 수수료율을 낮추면서 각종 비용을 전가하는 방법으로 입점 및 납품업체 부담을 씌운 것으로 드러났다.

중소기업도 우리나라 경제의 중요한 근간이라는 점에서 이명박 정부의 후반기 국정 운영은 큰 틀에서는 옳았다고 볼 수 있다. 오히려 그 한계 때문에 더 집요했어야 했고 정부가 바뀌어도 이어져야 했다. 여전히 알쏭달쏭한 '창조경제' 구호를 내세우기 급급한 박근혜 정부는 자존심이 상해서 전 정부의 유산을 물려받기를 거부했을까.

안티를 키우는
국민기업들

필자의 아버지의 첫 차였던 스텔라, 그리고 현재 타고 다니는 중형 차까지. 부자가 현대기아자동차그룹 제품만 써왔다. 몇 년 전 중형차를 처음 운전하면서 '우리나라도 이제 차 잘 만드네' 하고 감격했고 한편으로는 뿌듯하기까지 했다. 지인의 수입차를 몇 종 타보고 운전도 해봤지만 큰 차이를 느끼지 못했기에 더 자랑스러웠다. 그랬다. 어릴 적 그다지 멀지 않은 외갓집을 가려고 포니 택시를 타면 십중팔구 멀미를 했다. 심한 날에는 부모님 등에 업혀 외갓집 문턱을 넘어야 했다. 열악한 도로 사정도 원인이겠지만 배기가스가 실내로 그대로 유입되는 데다(그때는 그게 무슨 냄새인지 몰랐다) 장시간 타면 엉덩이가 아려올 정도로 승차감도 좋지 못했기 때문이었다. 그런 브랜드가 이렇게 멋진 디자인과 안락한 실내를 갖추고 각종 첨단 편의사양을 갖춘 차를 내놓다니 감개무량했다.

그러나 최근 차와 관련된 기사 댓글에는 현대기아차에 대한 비판이 많다. 디자인부터 전문가 못지않은 성능 품평까지 다양한 글이 올라온다. 이제는 싼 차라는 이미지를 벗고 해외 완성차 업체와 대등하게 경쟁하고 있는데 왜 적잖은 소비자들이 국내 완성차 브랜드에 이렇게 날을 세울까. 자동차 전문가도 아니고 크게 관심이 없어서 정말로 아직 국산차의 품질이 동급 수입차에 비해 미달하는지 잘 모르겠지만, 몇 개의 글에서 비판의 이유를 찾아볼 수는 있다.

비판적인 댓글 내용을 보자. 내수용과 수출용의 품질과 가격이 다르다는 논쟁은 여전하다. 또 품질이 좋아지면 당연히 가격도 오르는 것이지만 수입차 가격과 비슷해지는 것에도 불만이다. 아직 수입차에 비해 가격 우위에 있음에도 꼭 선택해야 하는 옵션을 몇 개 붙이면 훌쩍 뛰는 가격 정책도 마음에 들지 않는다(지금까지 차를 세 번 바꿨는데 살 때마다 이 점에 대해서는 정말 불만이다!). 자발적인 리콜에도 인색하다. 무상수리라고 얼버무린다. 일부 차종의 에어백 미작동과 차량 누수에 대한 논란도 일어났다. 이른바 뻥연비, 뻥마력 논쟁도 여전하다. 자동차 전문가가 아니기 때문에 정확한 진실을 알기는 힘들다. 피해 경험을 가진 일부 소비자의 화풀이일 수도 있다. 하지만 비싼 유지비와 턱없이 부족한 A/S망에도 불구하고 수입차 점유율이 가파른 상승곡선을 타고 있다는 객관적인 사실만으로 소비자의 심리가 과거와 다르다는 점을 알 수 있다.

여기에는 일종의 보상심리가 깔려 있다. 부모님 세대부터 키워줬는데 그만한 보상을 받지 못하고 있다는 느낌이다. 그러나 국민은 비판만큼 애정을 갖고 있다. 나보다 잘사는 오너 일가를 질투하는 것이 아니라, 덕분에 잘살게 됐으면 가족끼리 친구끼리 대하는 것처럼 친절해 줬으면 좋겠다는 것이다. 수출액 추이를 보면 알겠지만 과거부터 국민과 정부가 키워준 것을 부인하지는 못할 것이다. 수입차를 사고 싶다가도 차량 가격보다 유지비 걱정에 국산차를 선택하는 국민이 아직 많다. 기회는 충분히 남아 있는 셈이다.

비단 자동차만의 문제는 아니다. 국민은 삼성전자, LG전자에도 추억만큼 애정을 갖고 있고, 그런 만큼 특별 대우를 받고 싶어 한다. 그럴 때 미워도 다시 한 번 찾는다. 경제 기사에서 일본 극우단체의 돈줄 역할을 하는 일본 기업의 제품에 대해 거부감을 표시하는 댓글을 자주 보게 된다. 반일 감정을 제품 구매와 연결짓는 것이 옳으냐는 비판도 있지만, 아직 이처럼 순수한 국민도 많다. 국내 대기업을 상대로 다분히 '의도'가 있는 조직적인 안티라고만 치부할 일은 아니다. 또, 정보의 홍수 속에 전문가 못지않게 제품을 평가하는 국민도 크게 늘었다. TV나 신문에 기업 이미지 광고를 실어서 해결될 일도 아니다.

재벌도 각각 아킬레스건이 있다…
원인은

　시중에 주요 대규모 기업 집단의 조직문화를 빗댄 우스갯소리가 있다. '오너 회장이 "저 산 높이가 얼마나 되느냐"라고 물으면 삼성 그룹은 산 높이를 잘 재는 전문가부터 찾는다. SK그룹은 어떻게 잴 것인가를 놓고 회의에 회의를 거듭한다. 현대기아차그룹은 일단 몇 미터라고 어림짐작으로 보고하고 직접 잰 후 보고한 것보다 높으면 깎고 낮으면 쌓아올린다. LG그룹은 삼성그룹이 어떻게 하는지 지켜 본다.'

　다양한 조직문화만큼 감추고 싶은 비밀도 여러 종류다. 워낙 덩치가 커서 감춰지지도 않지만 말이다. 많이 알려진 내용도 있지만 몇 개 그룹만 예를 들어보자. 삼성그룹의 경우 '삼성전자와 아이들'이라는 말을 싫어한다. 삼성생명, 삼성화재 등 내로라하는 금융계열사도 있지만 삼성전자로의 경제력 집중을 우려하는 목소리가 있을 정도다. 이건희 회장이 새로운 먹거리를 강조한 후 계열별로 새로운 사업을 의욕적으로 추진하고 있으나 아직 눈에 띄는 성과는 없다. 심지어 삼성전자 내부의 신사업도 지지부진한 형편이다.

또 하나는 경직적인 조직문화에 대한 콤플렉스다. 삼성그룹은 이미 오래전부터 조직문화를 바꿔보려고 열심히 노력 중이다. 외부 전문가를 초청해 임원들에게 신세대 직원을 대하는 법부터 가르치고 있다. 그러나 여전히 성과 위주의 평가 방식 때문에 조직문화의 변화가 느리다. 이는 스마트폰 사업에서 보듯이 일사불란한 모습은 타이밍을 놓쳐도 따라잡는 데는 큰 장점을 발휘하지만 새로운 시장을 개척하기는 걸림돌로 지적되기도 한다.

SK그룹 임직원들은 해외 사업 얘기만 하면 머리를 긁적인다. 이미 여러 차례 지적된 문제다. 이상하게 미국, 중국에서 투자를 하거나 M&A를 하면 실패하는 경우가 많다. 대한석유공사(유공), 한국이동통신 등 국내 1위 사업자를 인수해 잘 키워냈지만 유독 해외에서는 맥을 못 추고 있다. 전통적으로 오너 일가가 무속 신앙과 풍수지리에 익숙한 것으로 알려졌는데 해외에서는 '신기'가 통하지 않는가 보다.

미국 애플사에 의한 스마트폰 쇼크 후 LG전자는 여전히 고전 중이다. 그래서 대표이사 교체까지 단행하며 '독해진 LG'라는 표현이 언론상에 많이 등장했다. 이는 과거에는 독하지 않았다는 뜻이다. 조직관리가 다른 그룹사에 비해 느슨한 편이다. 좋게 말하면 자유스러운 분위기인데 함께 고삐를 당겨야 할 때 집중력이 약하다. 속된 말로 한번 빠진 군기를 다시 잡기가 쉽지는 않다는 것이다. 또 하나는 가부장적인 오너 일가의 문제다. LG그룹에서는 경영권이나 중요한 사업의 의사결정을 놓고 반란은 허용되지 않는다. 오너 회장조차 집안 어르신이 반대하는 일은 못 한다. 그러니 대형 M&A 등을 통한 과감한 사업 전개는 어려울 수밖에 없다는 것이 업계의 인식이다.

롯데그룹은 고정된 이미지와 싸워야 한다. 특히 '짠돌이'라는 별칭은 심지어 프로야구단에도 적용된다. 과거 선수 연봉 협상에서 '이만큼 올리면 껌을 몇 통 팔아야 되는지 아느냐'고 했던 말은 아직도 회자된다. 최근에 임금을 많이 올렸다고는 하지만 여전히 경쟁사에 비해 낮은 수준인 것으로 알려졌다. 또 롯데케미칼, 롯데알미늄 등의 계열사를 보유하고 있음에도 '너무 먹고 마시고 노는' 사업만 한다는 이미지가 고정돼 있다. 레저·유통 사업을 확대할 때마다 곱지 않은 시선이 있다.

'민영화된' 포스코와 KT는 여전히 정부 입김에서 자유롭지 못하다. 공기업 이미지가 강하다. 항상 인사 잡음에 시달린다. 공교롭게도 최근 수년간 실적 부진을 동시에 겪고 있다.

그 밖에 많은 그룹이 오너 일가의 사건사고로 부정적인 이미지를 갖고 있다. 사회 공헌 활동을 활발히 전개하며 변신을 꾀하지만 불가항력적인 사건사고가 발생하면 '그럼 그렇지'라는 조소를 듣기도 한다.

그렇다면 왜 대기업마다 이러한 특징과 약점이 눈에 띌까. 모든 힘이 왕족인 재벌가에 집중돼 있기 때문이다. 오너의 개성에 따라

덩치 큰 공룡이 좌지우지되는 것이다. 경영철학이라고 포장할 수도 있다. 그러나 사실 경영철학은 각 기업의 성공사례를 공유하면서 거의 엇비슷해지고 있지 않은가. 권력 집중 구조는 위기를 돌파하고 빠르게 의사를 결정하는 장점을 가지고 있으나 때로는 권력자의 특징이 기업 경영에 그대로 투영되면서 예상치 못한 위기를 초래하기도 한다.

기업이 100년 이상 지속한다는 것은 조선왕조 500년만큼이나 어려운 일이다. 거기다 약점까지 선명하다는 것은 기업의 영속성에 대해 큰 리스크다.

재벌 3~4세에
대한 기대(?)

국어사전에서 재벌은 '재계(財界)에서 여러 개의 기업을 거느리며 막강한 재력과 거대한 자본을 가지고 있는 자본가·기업가의 무리'라고 정의돼 있다. 일부 여론조사에서도 나왔지만 재벌에 대한 시각은 대체로 부정적이라고 한다. 정확히 말하면 재벌가(家)에 대한 인식일 것이다. '한 줌도 되지 않는 지분으로 수많은 계열사를 지배' 또는 '비자금, 로비, 탈세, 갑질, 노조탄압, 세습'과 같은 부정적인 단어도 떠오른다. 그러나 한편에서는 영화나 드라마의 단골 소재가 재벌가일 정도로 어떻게 보면 엄두를 내기도 힘든 동경 심리에서 비롯된 면도 있을 것이다. 긍정적이든 부정적이든 재벌가의 일거수일투족은 큰 관심을 끈다.

이런 면에서 '땅콩 회항' 사건은 정말 씹기 좋은 소재였다. 10대 그룹에 포함된 재벌가 3세가 일반 국민의 민감한 평등의식을 건드렸다. 그러나 사실 그동안 다른 재벌가 3~4세도 물의를 일으킨 사례가 심심찮게 있었다.

그러면서 '미래의 ○○그룹이 걱정'이라는 말을 자주 듣게 된다. 재벌 3세 중 평소 행실이나 경영자로서의 면모를 칭찬받는 경우는 거의 없다. 모 그룹의 3세는 평소 약속이 없으면 직원 식당에서 같이 식사하고 쉬는 시간에 직원들과 족구를 한다. 외부 평가는 물론 내부 직원들도 그의 소탈한 면모를 칭찬한다. 그러나 이런 경우는 아주 드물다.

분명 재벌 1~2세와 3~4세는 큰 '세대 차'가 있다. 1세대는 맨바닥에서 기업을 일구는 과정을 겪었고 2세대는 아버지와 함께 오늘날의 그룹을 이루는데 기여했다. 2세대는 1세대와 함께 현장에서 '기름밥, 먼지밥'을 먹은 경험을 갖고 있는 것이다. 그러나 3세대부터는 경험치가 다르다. 부모는 자식이 본인과 똑같이 고생하는 것을 원치 않는다. 공주와 왕자처럼 키운 경우가 대부분이다. 기부금 입학이든 실력이든 해외 학위는 기본이다. 따라서 문제가 발생할 때 돌파할 뚝심이 약할 수밖에 없다는 것이 일각의 걱정이다. 전혀 틀린 말은 아니다.

하지만 다른 차원에서 재벌 3~4세를 바라보자. 많이 알려졌듯이 오늘날 재벌이 형성된 과정은 그렇게 깨끗하지 않았다. 탈법적인 일도 서슴지 않았고 권력과 결탁하거나 또는 비위를 맞추면서 성장해 왔다. 1~2세대는 그런 시대에 살았다. 그러나 3~4세대는 똑같은 경영스타일을 추구하기가 녹록지 않다. 감시하는 눈도 많아졌고 법과 제도 등 시스템을 요리조리 피해가기가 점점 어렵다. 예전처럼 노조를 무조건 힘으로 누를 수도 없다. 잘못을 무조건 '돈'으로 덮기도 쉽지 않다. 단순한 행동조차 손쓸 겨를 없이 SNS를 타고 삽시간에 퍼진다. 물론 아직도 툭하면 '경제 발전에 기여한 공로로…'라면서 재벌가에 솜방망이 처벌을 하는 등 유전무죄 무전유죄라는 말이 통용되고는 있다. 그러나 과거만큼 엉터리는 아니다.

따라서 재벌도 '정도경영'을 해야 하는 시대다. 경쟁이 심화되고 이른바 '대박' 사업 기회가 예전처럼 많지 않은 만큼 부모 세대처럼 빠른 성장을 구가하기는 어려울 것이다. '재벌 경제'의 앞날이 밝지 않은 것이다. 그러니 소위 '선진 외국물'을 먹은 재벌 3~4세대에게 공정한 경영을 기대하면 무리일까. 물론 상대적으로 말이다.

막연히 재벌 3~4세대에게 '편하게 자라서…'라며 앞날을 걱정하는 것은 고대 유물에도 등장하는 '요즘 애들은 버릇이 없다'는 말과 똑같다. 이제 그들의 앞날은 다른 차원에서 걱정해야 할 문제다.

'재벌 해체'

언뜻 재벌 경제 지지자로 비칠 수도 있겠다. 압축 성장 과정에서 권력과 유착해 오늘날의 재벌이 등장한 것도 사실이다. 또, 가장 비판을 받는 부분은 극히 적은 지분으로 순환출자 고리를 통해 수많은 계열사에 영향력을 행사하는 것과 이를 세습하는 것이다. 무엇보다 재벌가는 경영 실패에 대한 책임을 지지 않는다. 실적이 부진한 책임은 월급쟁이 (대표)이사만 진다. 이들은 재벌가의 의중을 따르는 거수기 이사회를 통해 교체된다. 일상적인 경영활동에 대해서는 독립경영이라고 할 수 있으나 중요한 사안에 대해 재벌가와 상의하지 않고 결정할 수는 없다.

그래서 재벌을 해체한다고 하면 어떻게 될까. 전문경영인은 이사회와 주주의 눈치를 보며 기업 성장 발전에 전력을 다할 것이다. 그렇지 못한 전문경영인은 교체된다. 책임 경영이 가능해진다. 한편으로는 이사회를 장악하려는 힘겨루기가 벌어질 것이다. 절대반지를 낀 오너가 없는 상황에서 많은 회사가 그대로 M&A 시장에 노출된다. 정승일 복지국가소사이어티 연구위원은 『무엇을 선택할 것인가 —장하준·정승일·이종태의 쾌도난마 한국경제』에서 "차등의결권 제도를 허용하지 않는 우리나라에서 출자총액제한 같은 규제로 경영권을 포기시키면 기업사냥 늑대들에게 먹잇감을 던져주겠다는 것과 마찬가지"라고 지적한 바 있다. 충분히 공감되는 진단이다. 외환위기 이후 투기 자본에 놀아난 경험이 있어 지배구조 불투명을 지적하는 월가와 월가 논리를 대변하는 각종 단체와 그 보고서에 반감부터 생긴다.

그러나 차등의결권 등 제도가 소유와 지배의 괴리 및 순환출자를 해소하고 경영권을 방어하는 방안일 수는 있지만, 세습과 경영 실패를 책임지지 않는 재벌가의 폐해까지 해결하는 방안은 아닐 것이다. 재벌가로의 경제력 집중과 내부거래가 더 노골화될 수도 있다. 대기업으로 올라서는 중견기업이 거의 없고 대기업의 하청업체 신세를 벗어나지 못하는 중소기업 구조가 이어질 것이다. 정부가 분류하는 업종 수는 총 76개이다. 이 가운데 대기업들이 진출해 있는 업종 수는 63개에 달한다.

또, 우리나라에서는 적대적 M&A가 정서적으로나 제도적으로 말처럼 쉽지 않다. 자의 반 타의 반으로 막강한 국민연금도 국민 정서를 업고 눈을 부릅뜨고 있다. 능력이 떨어지거나 부정한 일을 거듭한 경영진을 쫓아내는 적대적 M&A가 반드시 나쁜 것은 아니다. 그러나 필요하다면 단기 이익만을 노리는 투기자본 유입에 대한 추가 견제책을 마련하면 된다. 현재 거수기 역할을 하는 사외이사 제도의 보완책도 따라야 한다. 따라서 재벌가 또는 재벌가가 임명한 전문경영인이 경영 실패의 책임을 지고 손을 떼게 만드는 것도 방법이다.

거미줄처럼 얽힌 지배구조가 해소돼 말 그대로 재벌 해체가 이뤄진다고 해서, 설사 외국 자본에 넘어가거나 내부거래 감소로 대기업이 망한다고 해서 우리나라가 망하는 것은 아니다. 한때 세계 최대 휴대폰 제조업체였던 노키아가 몰락한 후 핀란드 경제가 휘청이고 있으나 한편으로는 벤처기업 융성의 계기가 되고 있다. 재벌이 곧 국가 경제라는 등호는 어떤 세력이 머릿속에 심어놓은 잘못된 인식이다.

기업 경영은 물론 인생사가 '운칠기삼(運七技三)' 이라고 하지만
결국 가까이서 지켜본 M&A 시장의 성패야말로 타이밍이고 '운칠기삼' 이라는 얘기다.
심지어 예측 불가능한 경영환경 때문에 M&A 성패를
'운칠복삼(運七福三)' 이라고 말하기도 한다.

기업경영
'뭔가 있을 것 같지만'

컨설팅을 위한
경영 컨설팅

한때 과감한 '아웃소싱'이 기업 경영의 변화와 혁신의 아이콘으로 자리매김한 적이 있었다. 조직 슬림화와 비용 절감은 물론, 나아가 효율성과 전문성을 강화하는 일로 아웃소싱은 애용됐다. '본질을 보지 못한다', '가치를 공유하기 어렵다', '관리나 리스크를 고려하면 비용 측면에서 오히려 불리하다'는 비판도 많다. 그러나 만능처럼 여겨지던 때와는 다르지만 여전히 아웃소싱은 곳곳에서 이뤄지고 있다. 아예 기획 및 개발만 수행하고 마케팅과 생산, 판매를 모두 아웃소싱하는 기업들도 있다.

경영 컨설팅도 하나의 아웃소싱이다. 시장 조사와 전략 수립 등을 외부 업체에 맡기기 때문이다. 물론, 판단은 의뢰한 기업의 몫이다. 중견·중소·벤처기업은 이러한 컨설팅이 필요하다. 시장 조사를 위한 네트워크나 자료, 전문 인력이 부족하기 때문이다. 이를 현실에 전략·전술화하는 기술도 그렇다.

그러나 내부 조직과 글로벌 네트워크를 훌륭하게 갖춘 대기업도 비싼 값을 치르며 외부 컨설팅을 받는다. 주로 유명 글로벌 컨설팅사가 의뢰를 받는다.

여기서 기업의 내부 정치가 가동될 때가 있다. 예를 들어, 어떤 사안에 대해 실무진이 오너나 CEO를 설득하기 위해 컨설팅사를 동원한다. 유수의 해외 MBA를 졸업하고 멀쑥하게 양복을 차려입은 컨설턴트들이 '의뢰한 대로' '포장을 잘해서' '화려하게' 프리젠테이션을 경영진에게 펼쳐 보인다. 반대로 경영진이 자신의 논리를 하향 전달하기 위해 컨설팅사를 이용하는 경우도 있다. 특히, 사업 조정이나 인력 구조조정의 명분을 얻고자 하는 경우가 많다. 또, 월급쟁이 사장이 오너를 설득하기 위해서도 그럴듯한 조력자를 구한다.

과거 어떤 공기업에서 경영진이 인력 구조조정을 포함한 조직 개편을 위해 외국계 컨설팅사에 자문을 의뢰했다. 컨설턴트와 조사원이 각 부서를 돌아다니면서 업무와 인력 활용 현황을 일부 서류와 구술 면접을 통해 파악해갔다. 그 결과 청소하는 용역직만 무더기로 해고를 당했다. 약간의 조직 개편은 기업의 체질을 바꾸는 데 전혀 도움이 되지 않았다. 컨설팅사 직원들은 직접 같이 일해보지 않고는 해당 기업의 업무를 파악하기 어려움에도 몇 가지 질의응답만으로 조사를 끝냈다. 공기업 특성상 부서마다 소위 '프리 라이더 (Free Rider)'가 존재했으나 컨설팅사는 끙끙 앓는 소리만 한 직원들의 말을 그대로 받아들였다.

또, 어떤 대기업은 컨설팅사의 조언대로 시장 대응을 했다가 수년

간 트렌드를 따라가느라 정신없는 시간을 보내기도 했다.

그렇다고 대기업이 컨설팅을 받을 필요가 전혀 없다는 뜻은 아니다. 컨설팅이 무익하다는 것도 아니다. 글로벌 컨설팅사는 때때로 의뢰받는 기업의 해외 경쟁사를 자문한 경력이 있어서 고객의 비밀을 보장하는 선에서 훌륭한 벤치마크를 제시하기도 한다. 그래도 정말 필요한 일이 아니라면 내부 정치에 조금 더 힘을 쏟아서 괜한 비용을 아끼는 것이 어떨까.

M&A는 경영의
종합예술(?)

인수합병(M&A: Merger&Acquisition)은 기업 경영상의 중요한 전술이
자 큰 이벤트다. 시설 투자 못지않게 많은 돈이 들어간다. 새로운 사
업을 시작하는 계기가 될 수도 있고, 자신보다 훨씬 큰 덩치의 기업
을 인수해 중간 성장 과정을 생략하고 점프하려는 기업도 있다. 매
각자나 매각되는 기업에도 중요한 경영 행위다. 이질적인 조직문화
를 가진 기업끼리는 합치는 과정에서 많은 진통을 겪기도 한다.

따라서 M&A는 경영의 종합예술이라는 평가가 있다. 피인수기업
및 인수기업의 조직과 문화, 인사는 물론이고 자금과 사업, 업황 등
전반에 걸친 검토와 변화가 뒷받침돼야 하기 때문이다. 대형 M&A
자문사들도 검토 단계부터 PMI(Post-Merger Integration: 합병 후 통합)까지
풀서비스 능력을 내세운다.

그런데 이렇게 중요한 경영 행위가 너무 허무하게 결정되는 일도
벌어진다. 우선 인수자의 의사결정 과정부터 보자. 매각 공고를 보

든, 자문사를 통해 조용히 제의가 오든 잠재 인수 후보 기업은 실무진이 검토한 다음 라인을 타고 오너 또는 경영인에게 관련 사항이 보고된다. 충분한 논의 끝에 인수를 결정하고 본격적으로 착수하는 것이 정상이다. 그럼에도 오너부터 시작되는 경우 자신이 물고 들어온 매물을 툭 던져놓고 이것 인수하자고 하면서 의사결정을 끝낸다. 실무진은 어떻게 해서든 그림을 그려야 한다.

경쟁 입찰일 경우에도 마찬가지다. M&A에서 가장 중요한 것은 피인수기업의 밸류에이션(기업가치)이다. 즉 얼마의 가격이 적정한지를 따지는 작업이다. 여기에 경쟁에 따른 프리미엄을 붙여 최종 인수가격을 결정한다. 실무진은 승리도 중요하지만 가능한 한 나가는 돈을 최소화하려고 한다. 또, 인수기업의 재무에 큰 부담을 안기지 않는 선에서 결정한다.

그러나 오너가 '인수해야겠다'고 마음만 먹으면 나름대로 객관적인 밸류에이션 평가도 단지 기초 자료에 그치고 만다. 때로는 오기로 덤비는 수도 있다. 앞뒤 재고 덤벼든다고는 하지만 간혹 터무니없는 조건에 인수하는 경우도 있다. 실제 M&A로 성장한 모 대기업의 일화다. 실무진이 가격 등 핵심 인수조건을 적은 서류를 매각 측에 전달하기 전에 오너의 사인을 받기 위해 보고했다. 오너는 연필로 적혀 있던 가격을 지우고 만년필로 새 가격을 직접 적은 뒤 밀봉해서 실무진에게 전달했다(인수조건에서는 가격 외 고용승계 등 부대조건이 강조된다고 해도 항상 가격이 '갑'이다). 실무진은 걱정스러운 마음에 봉투를 몰래 열어봤다가 기겁했다. 상상을 초월한 가격이 적혀있기 때문이었다. 그 인수자금을 모으는 등의 뒤처리는 고스란히 실무진의 몫이다. 스스로 'M&A? 척하면 척이지'라고 자부하는 오너일수록 함께 어우러져야 하는 종합예술에서 독불장군이 된다. 물론, 결과는 좋을 수도 있고 나쁠 수도 있다. 그러나 어쨌든 합리적인 의사결정 과정이 배제된 오너의 원맨쇼로 어마어마한 금액의 종합예술이 진행되기도 한다는 것이다.

'M&A의 달인', '저주받은 승자'는
한 끗 차이

　아무리 관심 없는 사람이라도 신문 경제면에서 'M&A의 달인', '승자의 저주'라는 단어를 한 번쯤은 봤을 것이다. 온라인 언론상에서는 M&A가 성사되거나 반대로 M&A로 인수기업의 부담이 커졌을 때 거의 매번 거론되는 말이다. 우리나라에 M&A의 달인이나 저주받는 승자가 그렇게 많다는 뜻일까.

　필자도 과거 기사를 통해 한 투자기업에 대해 'M&A의 큰 손', '토종기업의 지킴이'라는 찬사를 보낸 적이 있다. 그 기업은 싼 가격에 지분을 인수해 비싼 가격에 팔아 큰 수익을 내기도 했고, 자칫 해외에 팔릴 수 있는 토종기업의 지분을 인수해 경영권을 유지시켜 주기도 했다. 그러나 지난 2008년 글로벌 금융위기를 겪으면서 기업 지분 투자와 부동산 투자가 어그러지기 시작했다. 결국, 실무 책임자는 경질됐고 후임 사장은 전임 사장 시절에 망가진 투자를 뒷수습할 수밖에 없었다.

이처럼 '달인'이 하루아침에 '저주받은 경영자'가 되는 일은 굳이 열거하지 않아도 많다. 그러나 달인과 저주 사이에 별다른 차이는 없다. 피인수기업의 업황이 좋으면 달인이 되고 예상치 못한 변수로 업황이 부진에 빠지면 실패자가 된다. 극동건설을 인수한 웅진그룹, 대우건설과 대한통운을 인수한 금호아시아나그룹, 조선과 해운에서 M&A로 빠르게 성장한 STX그룹, 건설은 물론 업종을 가리지 않고 수많은 딜을 성사시킨 대한전선 등도 예상치 못한 글로벌 금융위기와 경기 침체만 아니었다면 충분히 '달인' 칭호를 들었을 것이다.

기업 경영은 물론 인생사가 '운칠기삼(運七技三)'이라고 하지만 결국 가까이서 지켜본 M&A 시장의 성패야말로 타이밍이고 '운칠기삼'이라는 얘기다. 심지어 예측 불가능한 경영환경 때문에 M&A 성패를 '운칠복삼(運七福三)'이라고 말하기도 한다. M&A로 성장했다고 해서 계속 같은 전략을 구사한다면 마치 개인이 주식투자로 운 좋게 몇 번 돈을 벌어도 장기적으로는 마이너스로 가는 것과 다를 바 없을 것이다.

물론, M&A 시장에서 유독 비범함을 보이는 고수도 있기는 하다. 그 대표적인 경영인이 LG생활건강의 차석용 부회장이다. 외부 전문경영인으로 LG그룹에 영입된 그는 부실기업을 인수해 단숨에 알짜기업으로 탈바꿈시키고 인수자금 부담으로 일시적으로 나빠진 재무도 다독이면서 또 다른 매물을 찾아 나섰다. 얼마 전부터 LG생활건강이 고속 성장의 한계에 직면했다는 분석이 나오고는 있으나 그 수완만큼은 인정해줘야 한다. 특히 대표적인 레드오션 분야에서 이뤄낸 성과라는 점에서 더 점수를 줄 수 있다. 그러나 차 부회장은 단숨에 기업이 '점프'할 만한 대형 거래는 피했다. 또 거래와 거래 사이에 일정한 기간을 뒀다. 오너가 아닌 전문경영인이기 때문에 조심스러웠을 수도 있다.

점(占) 보는
CEO들

각 정당이 대통령 선거 후보를 뽑는 시기가 되면 시사지 중심의 일부 언론들은 유명 역술인에게 대선 후보와 대통령 당선인을 묻는 일종의 설문조사를 한다. 역술인들은 보통 한 명을 거론하지 않고 운세가 가장 좋은 인물을 복수로 언급하기도 하지만, 그것이 독자의 흥미를 유도할 목적으로 편집되면서 대리 투표전처럼 보도되기도 한다. 다만, 역술인들이 만장일치로 한 인물을 찍는 경우는 찾기 어렵다. 나이가 많은 역술인은 보수정당 후보에, 젊은 역술인은 진보정당 후보에 무게를 두기도 한다. 이럼에도 실제로 궁금증을 넘어 불안감에 시달리는 정치인들이 대선 직전에 용하다는 역술인을 자주 찾아간다고 한다.

기업 재벌가 오너나 CEO들도 마찬가지다. 이름만 들어도 알 만한 컨설팅사만 찾는 것은 아니다. 장안의 유명한 역술인들도 찾는다. 일부 역술인들은 언론 인터뷰에서 어떤 CEO가 단골이라고 자랑하기도 한다. 하지만 대놓고 역술인을 찾아갔다고 밝히는 CEO는 없다.

역술인을 찾는 CEO들의 심리는 정치인이나 일반인들과 다르지 않다. 미래에 대한 불안 때문이다. CEO들은 자신의 결정에 의해 일반인은 평생 구경도 못 할 어마어마한 돈이 왔다 갔다 하기 때문에 더욱 불안할 수밖에 없다. 특히 보유 현금의 몇 배에 달하는 M&A나 투자를 결정할 때 걱정이 태산이다. CEO들은 여러 임원이나 외부 컨설팅에 상의할 수는 있지만 자신이 도장을 찍어야 할 때 가장 외롭다고 한다. 대기업 오너 일가 전체가 아예 특정 역술인과 자주 소통을 하기도 한다. 새로운 사옥을 건립할 때 풍수지리는 기본이다. 모 그룹의 본사 건물은 주차장 출입구도 풍수지리에 따라 지어졌다고 한다. 역술인의 조언에 따라 조상 묘를 최상으로 꾸며놓았다는 CEO도 많다. 과거에는 일부 오너 일가에서 정기적으로 장안에 용하다는 무당을 불러 굿을 했다고 한다.

우리가 부러워 마지않는, 미래를 내다보는 CEO의 냉철한 판단력과 과감한 결단력의 정체가 때로는 역술 컨설팅이 아닐까.

'내 피 같은 회사를…'
손절 못 하는 오너

주식투자에서 손절매(Loss Cut)는 중요하다. 혹자는 '손절이 투자의 전부'라고 주장하기까지 한다. 개인 주식 투자자가 돈 벌기 쉽지 않은 가장 큰 이유도 '오르겠지…' 하는 본전 생각에 매도 타이밍을 놓치는 데 있다. 그러다 보면 손실이 무한정 늘어나기 십상이다. 설사 나중에 반등한다고 해도 손실 구간을 설정해놓는 일은 중요하다. 국내 금융시장에서 입지전적 인물인 박현주 미래에셋 회장을 지근 거리에서 본 인사는 박 회장을 손절의 귀재라고 칭찬한 바 있다. 물론, 욕심을 버리고 손해를 보고 파는 행위가 말처럼 쉽지는 않다.

기업도 마찬가지다. 오너가 자신의 손으로 키워낸 기업이나 사업을 매각하는 것은 주식 손절보다 어렵다. 더군다나 많은 임직원과 그에 딸린 식구들을 생각해야 하지 않는가. 특히 물려받은 기업이나 사업이 아니라 주춧돌 놓는 일부터 손수 했다면 그 애착만큼 손에서 놓는 일이 쉽지 않을 것이다.

심지어 대금 대부분을 은행 등에 빌려서 인수한 기업조차 '내 것'이라며 팔지 못하는 경우도 많다. 자수성가한 오너일수록 더 심하다. 상황이 그토록 어려운데 왜 일찍 팔지 못했느냐며 의문을 제기하지만 기업 오너들은 일반인과 욕심의 강도가 다른 경우가 많다.

모 대기업의 재무책임자(CFO)를 지낸 인사는 수년 전에 보유 골프장을 매각하자고 제의했으나 오너의 뜻을 굽히지 못했다고 전했다. 오너는 당초 투자비용보다 낮은 예상 매각 금액에 절대 팔 수 없다고 고집을 부렸다. 결국 기업에 유동성 위기가 발생했고, 당시 시세보다 수백억 원 낮은 가격에도 주인을 찾지 못했다. 지난 2008년 글로벌 금융위기 이후 해체 과정을 겪은 그룹사들도 이처럼 주요 계열사 매각에 대한 의사결정이 늦었다는 게 대부분의 평가다.

파는 쪽이 급할수록, 또 부실이 매물에 전이될수록 가격은 떨어지고 주인을 찾기 더 어려워진다. 조기 매각으로 이자 등 다른 손실을 줄일 기회마저 잃을 수 있다.

물론, 구조조정 타이밍이 중요하다지만 기업이 위기를 맞을 때 무조건 매각하는 것만이 능사는 아니다. 수익성 있는, 또는 수익을 낼 수 있는 기업의 매각은 그나마 미래를 도모할 기회를 날리는 일이 될 수도 있다. 또 한 명의 투자의 귀재로 불리는 피셔 인베스트먼트 사의 켄 피셔 회장은 2011년 『투자의 재구성』이라는 저서에서, 언제나 절대적으로 통하는 투자 진리는 없다면서 손절이 미래의 수익을 끊고 거래비용과 세금을 늘리는 일이 될 수 있다고 지적하기도 했다.

또, 밥 먹듯이 기업을 사고파는 반쯤 '기업 사냥꾼'인 오너가 존경받는 사업가로 대접받기도 어려울 것이다.

그러나 보다 자본력과 기술이 있는 오너를 적기에 찾아주지 못해 부실을 심화시키는 것은 해당 기업의 임직원과 그 식구들에게 더욱 못할 짓이다.

요즘에는 야근하는 직원한테 '일 못하는 사람이 늦게까지 일하는 것' 이라고
말하는 상사가 늘고 있다고 한다. 하지만 그런 말을 하는 상사의 입가에는 미소가 번진다.
산업화 시대를 관통하며 야근이 몸에 밴 CEO들은
건물에 불 켜진 사무실을 보면 밥을 먹지 않아도 배부르다고 말한다.

21세기 직원과
20세기 조직문화

무늬만
브레인스토밍(Brainstorming)

2002년 한일 월드컵 영웅인 거스 히딩크 감독은 당시 대표팀 내의 서열을 파괴한 것으로 유명하다. 경기장에서만큼은 거의 '야자타임'이었다. 후배가 선배 눈치를 보지 않아야 마음껏 기량을 펼칠 수있다는 논리에서다. 엄격한 선후배 문화가 자리 잡고 있는 우리네운동선수한테는 꽤 낯설었을 것이다.

우리나라 언어에는 존댓말이 있다. 한 살이라도 많으면 그에 걸맞은 예의를 갖춰야 한다. 자신을 평가하는 위치에 있는 연장자라면말할 것도 없다. 따라서 업무 관련이라도 윗사람에게 자신의 생각을 자유롭게 얘기하기란 여간 힘든 일이 아니다. 잘못하면 버릇없다는 소리를 들을 수 있고, 속된 말로 '찍힌다'.

브레인스토밍이라는 단어가 우리나라에 들어온 지 수십 년이 지났지만 우리 조직 내부에서 진정한 브레인스토밍이 이뤄지고 있는가. 브레인스토밍은 여러 사람이 문제 해결을 위해 아이디어를 자유롭게 제시하고 그것들을 취합, 수정, 보완하는 일종의 회의 방식이다. 가장 최선의 결론을 도출하며 때로는 전혀 예상하지 못한 창의적인 방법을 찾아낼 수도 있다. 브레인스토밍이 비교적 많은 시간을 잡아먹고 늘 옳은 결론을 보장하는 것은 아니지만, 많은 장점을 갖고 있는 것도 사실이다.

외국계 기업을 다니다 국내 기업으로 영입된 간부는 담당 부서에 브레인스토밍을 정착시키는 데 상당히 힘들었다고 전했다.

"자, 이 문제를 어떻게 하면 좋을지 자유롭게 아이디어를 내세요."

"……."

"아니, 아무런 생각이 없어요?"

"……."

"그럼 부장부터 말씀하세요. 어떻게 생각하십니까?"

"아, 예. 저요? …제 생각에는 이렇게 하면 어떨까 합니다."

"다른 사람들은?"

"부장님 생각에 동의합니다."

부임 초기에 늘 이런 식으로 회의가 진행됐다고 한다. 어떤 날엔 자신이 먼저 아이디어를 말하면 김 부장조차 입을 닫았다. 반대하거나 잘난 척했다가 자신의 심기를 건드릴까 두려워한다는 점을 느낀 이 간부는, 1차로 김 부장과 함께 회의에 들어가지 않고 부하 직원들끼리 회의를 하도록 한 후에 자신이 참석한 2차 회의에서도 아무런 말도 하지 않았다. 아무도 해결책을 제시하지 않으면 당연히 회의 시간은 길어진다. 결국, 참다못한 부하 직원 한두 명이 입을 열기 시작했다. 여기에 대해서도 몇 가지 질문만 하고 별다른 평가를 하지 않았다. 자신이 말을 많이 할수록 회의가 경직되고 어느새 회의를 주도하는 자신을 발견할 수 있었기 때문이다.

공무원 생활을 접고 글로벌 기업인 국내 대기업에 전문경력직으로 입사한 한 간부는 두 가지 놀란 점을 언급한 적 있다. 하나는 임직원들이 정말 개미처럼 열심히 일한다는 점이다. 또 다른 하나는 앞서 언급한 것처럼 회의시간이 여전히 경직적이라는 점이다. 몇몇 간부 외에는 '시키지 않으면' 아무도 말을 하지 않는다. 오히려 정부 청사 내 국과장 사이보다 더 큰 벽이 가로막고 있는 것처럼 느꼈다고 전했다. 해당 그룹은 직원들의 창의성을 유도하기 위해 사내연수원을 통해 많은 프로그램을 간부 교육에 활용했다. 그러나 경직적인 조직문화는 여전하다는 설명이다. 비단 이 그룹만 그러겠는가. 우리나라 언어에 존재하는 존댓말을 없애지 못한다면 간부들부터 말을 줄이고, 당장 마음에 들지 않더라도 그 자리에서 평가하는 일부터 삼가야 한다. 그래야 더 많은 아이디어를 뽑아내고 더 나은 해결책을 찾을 수 있다. 상명하복(上命下服) 문화에서 성장한 자신의 과거에 본전 생각이 나더라도 말이다.

'내 방문은 항상 열려 있다' CEO의 거짓말

기업 내 소통과 직원의 창의성이 점차 강조되면서 신임 CEO나 임원이 똑같이 하는 말이 있다. "내 방문은 항상 열려 있다." 굳이 새로 부임한 사람이 아닌 기존 임원들도 애용하는 말이다. 직원과 소통을 하겠다는 의지도 있겠지만 인자한 상사로 비치고 싶은 욕심도 있을 것이다.

그러나 이 말을 곧이곧대로 믿는 직원은 거의 없다. 가끔 용감한, 때로는 '순진한' 직원들이 임원 방문을 두드리고 민원이나 직언을 하는 경우도 있다. 간혹 '인자한' CEO나 임원이 해결해주거나 받아들이기도 하지만 대부분 조직이 시끄러워진다. 해당 직원은 시끄럽게 만들었다고 중간 간부나 고참 선배들에게 혼나는 경우가 많다. 또, '내가 저만 할 때는 감히 꿈도 꾸지 못했는데…'라고 본전 생각하는 CEO나 임원이라면 해당 직원은 '밀고자'로 낙인 찍혀 오히려 불이익을 받기 십상이다. 물론, 규모가 큰 기업이라면 감히 CEO나 임원 방문턱을 넘어설 수도 없다.

그렇다면 CEO가 거짓말을 한 것일까. 물론, 인사치레로 말한 CEO 도 있을 것이다. 방문이 열려 있지 않은 가장 큰 이유는 우리네 조 직문화 때문이다. 더 근본적인 이유는 우리네 인식 때문이다.

우리는 정치적 민주주의(적어도 제도적으로는)를 어렵게 얻어냈다. 그 래서 민주주의란 단어에 애정을 가진다. 민주주의는 기본적으로 시 끄럽다. 단순히 다수결의 원칙으로만 운영되는 것이 아니기 때문이 다. 그러나 우리는 시끄러운 것을 싫어한다. 토론하고 설득하는 과 정을 귀찮아한다. 발전을 저해하는 소수 의견으로 깔아뭉개기 일쑤 다. 이런 식이 반복되면 좌절한 소수는 침묵한다.

게다가 기업 내에서는 윗사람 의견이 전체의 의사로 나타나는 경 우가 흔하다. 또, 높은 자리에 올라갈수록 '세상이 얼마나 치열한 데…'라며 일사불란한 조직체계를 선호한다. 브레인스토밍조차도 제 대로 실행되지 않는 마당에 소통은 그저 말뿐이다. 개인적인 고충 을 조금 들어주고 회식 자리에서 개그콘서트의 최신 유행어를 주고 받는다며 자신은 직원들과 충분히 소통한다고 생각하는 임원들도 많이 봤다.

농업적 근면성을
요구하는 조직

　수험생을 둔 학부모의 가장 큰 착각은 자식이 새벽에 학교, 학원을 가서 밤늦게 집에 들어올 때까지 열심히 공부한 줄 아는 것이다. 그래도 성적이 오르지 않으면 과외 학습이 필요한가, 또는 유명 강사에게 배우지 않아서 그런 것 아닌가 걱정하며 주변에 조언을 구한다. 그러나 학교와 학원에 있는 약 15시간 동안 실제로 집중하는 시간은 얼마나 될까. 사람은 8시간 이상 집중하기 어렵다고 한다. 사실 8시간만 집중해도 뛰어나다. 그러나 수험생이 8시간만 집중해서 공부한 뒤 친구들하고 놀거나 집에 와서 TV를 보면 학부모들은 난리가 날 것이다. 과거 유행했던 '4당5락(4시간 자면 붙고 5시간 자면 떨어진다)'은 참 무식한 말이다. 오죽하면 해외 매스컴에서 우리나라 고3 수험생들의 생활을 마치 '세상에 이런 일이'처럼 비쳤을까.

　직장도 마찬가지다. 매일 집중해서 자신의 업무를 마치고 퇴근 시간에 칼같이 퇴근한다면 '일 잘하네'라는 칭찬보다 'X가지 없다'는 소리만 듣기 십상이다. 요즘에는 야근하는 직원한테 '일 못하는 사람이 늦게까지 일하는 것'이라고 말하는 상사가 늘고 있다고 한다. 하지만 그런 말을 하는 상사의 입가에는 미소가 번진다. 산업화 시대를 관통하며 야근이 몸에 밴 CEO들은 건물에 불 켜진 사무실을 보면 밥을 먹지 않아도 배부르다고 말한다.

고위직 공무원과 정치권을 바라보는 국민 의식에도 농업적 근면성이 깔려 있다. 대통령이나 총리가 휴가를 가면 '지금이 어떤 시기인데 휴가를…'이라며 욕하기 바쁘다. 물론, 미국에서도 대통령 휴가에 대해 이러쿵저러쿵 말이 많다. 그러나 미국 대통령의 휴가는 무려 한 달 가까이 된다. 우리나라는 일주일도 채 되지 않는 고위직 휴가에 불만이 많다(꼭 휴가 때문만은 아니지만). 어쨌든 과거를 짚으며 다시 생각해보자. 우리나라가 한시라도 조용할 날이 있었는가. 우리나라에서 휴가 가기 적당한 시기란 아마 없을 것이다. 살기 위해 일하는지 일하기 위해 사는지 생각해보면 간단하다.

오히려 이러한 인식과 관행은 보여주기식 조직문화를 부른다. 업무 집중도와 생산성은 그대로다.

탄력근무제를 도입한 모 대기업의 관계자는 "탄력근무라며 일찍 출근하는데 그렇다고 퇴근을 빨리하는 것도 아니다. 출근 시간만 빨라져 전체 근무 시간이 오히려 늘어났다"고 전했다. 해당 대기업이 탄력근무제를 실시한 가장 큰 이유는 일찍 퇴근해 자기계발의 시간을 갖자는 것이지만, 제도 도입 후 오히려 기존 업무를 길게 늘어뜨리는 결과만 초래했다. 업무의 연관성 때문일 수도 있고 밤을

새워야 하는 프로젝트 때문일 수도 있으나 상사의 눈치, 조직의 눈치를 살펴야 하는 면이 크다. 이처럼 구성원의 인식과 조직의 관행이 바뀌지 않은 상태에서의 제도는 유명무실하다.

격한 반론도 있다. '근면성 때문에 우리나라가 이렇게 잘살게 된 것', '미국 학생들이 얼마나 공부를 열심히 하는 줄 아느냐' 등. 전자는 인정한다고 해도 이제 시대가 바뀌었다. 아이들이 어떻게 컸는지 기억이 나지 않고 대화가 서먹하다는 말도 이제는 자랑이 아닌 시대다. 후자는 우리나라 대학생과 비교한 말일 것이다. 미국 대학생도 매일 밤새우며 공부하지는 않지만 상대적으로 다 이룬 것처럼 생활하는 우리나라 대학생보다는 열심히 한다. 요즘에는 스펙 쌓기 공부를 해야 하지만 말이다.

밀레니엄 어쩌고를 앞둔 지난 1999년 해외 유명 잡지가 21세기 사양 직업 중 하나로 기자를 꼽은 적이 있다. 도제식 훈련과 높은 노동 강도, 긴 근무 시간 때문이다. 필자는 어쩌다 그런 직업을 15년 넘게 했다.

/

과도한 연봉 격차와 인센티브는
호봉제만 못하다

많은 기업이 연봉제를 도입했고 인센티브제(성과급)를 활용한다. 공공기관에서도 민간기업보다는 적지만 인센티브로 내부 경쟁과 근로 의욕을 높인다. 누구나 시간이 지나면 임금이 오르는 호봉제의 폐해를 보완하기 위한 제도다. 호봉제의 문제점은 굳이 설명하지 않아도 익히 잘 알려져 있다. 그렇다면 연봉제와 인센티브제가 근로 의욕을 높여 내부 경쟁을 부추기고 생산성 증대로 이어지고 있는가. 일단 답은 예라고 할 수 있다.

그러나 과도한 연봉 격차와 인센티브는 호봉제만 못한 결과를 초래한다. 심한 격차는 오히려 근로 의욕을 떨어뜨릴 뿐만 아니라 이직을 부추긴다. 조직에는 능력 있는 직원도 필요하지만 다소 떨어지더라도 해당 업무에 익숙한 직원 역시 필요하다. 우수하지는 않더라도 숙달된 직원의 이탈이 늘어나면 조직은 약화될 수밖에 없다. 높은 연봉 인상률과 많은 인센티브를 차지하는 직원만 데리고 기업을 경영할 수는 없기 때문이다.

기업 CEO는 혀를 끌끌 찰지도 모르겠다. '열심히 일해서 대가를 받을 생각을 해야지 불평불만을 늘어놓기는…'이라고. 그러나 CEO의 바람대로라면 학창시절에도 모두 1등을 해야 맞지 않겠는가. 또, 은행이나 보험사처럼 그래프로 실적을 명확하게 표시할 수 있는 업무를 제외하고는 근무 성적을 나열하기 애매한 업무가 더 많다. 따라서 승진, 전보 등 인사조치로 충분히 평가할 수 있는 호봉제가 상대적 박탈감을 부추기는 연봉제와 과도한 인센티브제보다 더 효율적일 수 있다. 노동시장 개혁이 어떤 방식으로 이뤄질지 지켜봐야겠지만, 노동시장 유연성이 확보된다면 연봉제와 인센티브제를 다시 들여다볼 필요가 있다.

일부 기업은 연봉 차이를 최소화하고 인센티브도 팀별 또는 부서별로 부여하기도 한다. 단 0.1% 연봉 차이라도 자신이 덜 받는다면 기분 나쁜 것이 인지상정이다. 과도한 성과급을 뒀다가 낭패를 보는 경우도 많다.

연봉과 인센티브 격차에 따른 갈등은 비단 한 기업 내에서만 벌어지지 않는다. 일례로 미국 월가의 CEO 연봉에 대한 논란은 현재 진행형이다. CEO뿐만 아니라 금융업 종사자의 높은 연봉에 대해서도 말이 많다. 연봉이 상대적 박탈감을 느끼지도 못할 정도의 오르지 못할 나무 수준인데 이는 과거 월가 시위의 한 이유이기도 했다. 분노의 대상은 더구나 막대한 구제금융까지 받은 금융기관의 임직원들이다. 그들이 계속 실적과 관계없이 고연봉을 고집한다면 기존 시위와는 다른 차원의 '조직적' 저항을 받을 가능성이 크다.

저널리스트이자 기업가인 마거릿 헤퍼넌은 2014년 저서 『경쟁의 배신』에서 경제를 비롯한 모든 발전의 원천이라고 믿는 경쟁이 오히려 비효율과 낭비, 비리를 불러오는 독소라고 주장했다. 경쟁이 치열하면 오히려 창의력과 의욕을 꺾는 사례도 펼쳐 보였다.

외부 전문가를 쫓아내는
우리네 조직문화

연봉이나 인센티브를 언급하는 김에 아직도 활발하게 이뤄지고 있는 외부 전문가 영입에 대해 다뤄보자. 외부 전문가 영입은 필요한 일이다. 경영환경 변화, 기술 발전이 빠르게 이뤄지는 시대에 기업이 빠르게 대응할 수 있는 방법이기 때문이다. 정부도 개방형 임용을 늘려가고 있다. 외국인 전문가도 영입하고 있다.

그러나 외부 전문가 영입으로 기대했던 성공을 거두는 경우는 그다지 많지 않은 것 같다. 계약 기간을 채우고 그만두거나 중도에 사퇴하는 사례도 주변에서 자주 보인다. 물론, 성과를 내지 못하면 당연히 자리를 내놓는 것이 맞다. 비싼 외부 컨설팅의 허점을 지적했듯이 해당 기업의 본질을 파악하지 못하고 따로국밥 같은 솔루션만 제시하는 전문가들도 있을 터이다.

그렇다면 과연 외부 전문가 영입의 성공확률이 떨어지는 이유가 그들 탓일까. 우리네 조직문화 탓이 더 크다. 외부 전문가가 임원이 아닌 부장급 이하로 영입됐다고 치자. 일단 실력 있는 전문가를 영입하려면 당연히 돈이 든다. 영입 경쟁이 있는 전문가일 경우 몸값이 당연히 치솟는다. 연봉이나 인센티브를 내부 기준과 다르게 책정해야 한다. 자기한테 맞는 보수를 받는 전문가는 기업에 발을 들이미는 순간 '왕따'가 된다. 공채 기수별로 결속력이 강한 기업일수록 더 그렇다. 기존 직원들은 전문가가 얼마나 잘하는지 감시 모드로 돌입한다. 많은 보수를 결정한 CEO조차도 감시한다. 원활한 업무 협조는 기대하기 어렵다. 임원으로 입사해도 마찬가지다. 어떤 직원이 해당 전문가와 업무 협조를 잘한다면 다른 임원들의 견제가 들어간다. 직원들 입장에서도 줄서기가 필요 없는 임원이라고 '동물적 감각'으로 파악을 끝내면 적극적인 협조를 하지 않는다.

한민족을 강조해온 우리나라도 다문화 가정을 끌어안고 있는데 아직도 많은 기업이 순혈주의에 빠져있는 것이다. 정부의 민간 전문가 영입은 단순히 경력직 채용에 그치는 모양새다. 많은 보수를 책정할 수 없으니 경력 관리를 위해 지원하는 전문가가 적잖은 형편이다. 일부 낙하산 전문가가 외부 영입에 부정적으로 작용하기도 한다.

어떻게 해야 할까. 우선 연봉과 인센티브에 대해서는 기존 직원들이 상대적인 박탈감을 갖더라도 어느 정도 양보가 필요하다. 기업도 그 전문가로 인해 성장하면 직원들에게 혜택이 돌아간다는 인식을 심어줘야 한다. CEO는 외부 전문가에게 부담보다는 힘을 실어줘 내부 협력을 끌어내야 한다. 외부 전문가는 받는 보수만큼 큰 부담을 갖는다는 점도 이해해야 한다. 공공기관은 보수 체계를 바꿔서라도 보다 실력 있는 외부 수혈에 나서야 한다. 돈 아끼려다가 낭비하는 꼴이 되지 않도록 말이다.

상장은 기업을 공개했다는 뜻인데, 이는 비상장사보다 투명하고
공개 과정에서 검증을 받았다는 일종의 프리미엄이다.
그러나 일부는 내부 관리시스템이라고 부르기조차 어려운 주먹구구식으로 운영된다.

이런 기업,
저런 기업

/

기업이 물류와 건설을
좋아하는 이유

　가정에서 남성의 권위가 추락한 것은 맞벌이도 큰 요인이지만 월급의 계좌이체 때문이라는 말이 있다. 누리끼리한 봉투에 월급을 가져오는 남편을 기다리며 일부러 다른 날보다 정성스럽게 밥상을 차리는 아내의 풍경을 더는 볼 수 없다. 월급날에 딴 곳으로 샐까 봐 동네 어귀에 나가서 기다리는 아내도 많았다고 한다. 그러나 이제는 꼬박꼬박 계좌로 들어가는 월급과 동료에게 한턱 쏘기도 어려운 용돈으로 살아가야 한다. 따라서 많은 기업이 따로 요청한 직원에게는 별도의 계좌로 보너스를 넣어주기도 한다. 그 직원은 아내에게 보너스를 말하지 않거나 축소 보고(?)한다. 이른바 '비자금'이다. 물론, 걸리면 집행유예(아내는 결코 잊지 않는다고 한다. 그래서 무죄 판결은 없다)를 선고받기까지 싹싹 빌어야 한다. 아내도 남편에게 알리지 않고 딴 주머니를 차기도 한다. 외부 강연이 많은 관계 및 학계의 점잖은 인사들도 강연료를 비서 명의의 계좌로 관리한다는 얘기를 들었다.

높은 지위에 있는 만큼 이른바 품위유지비가 주요 목적이다.

그래서일까. 재벌이나 대기업 오너들의 비자금 사건은 몇 년마다 한 번씩 불거진다. 몇십만 원이나 몇백만 원이 아닌 수십, 수백억, 때로는 수천억 원에 이르기도 한다. 차명거래는 기본이고 최근에는 금융상품이 발달하면서 비자금 감추는 방법이 더욱 복잡하고 치밀해졌다. 재산도 많은데 왜 비자금이 필요하냐는 순진한 의문점이 들지만 그동안 사례를 보면 비자금은 정치자금, 탈세, 불법 증여 등과 떼어놓을 수 없는 친구다. 그렇다면 이러한 천문학적인 자금은 어떻게 조성될까.

반드시 그렇다고 할 수는 없지만, 비자금은 주로 물류와 건설 부문에서 조성되는 경우가 많다. 대부분의 대형 기업 집단은 물류와 건설 계열사를 두고 있다. 물류의 경우 수출입 규모가 크고 비용 절감을 위해 전략적으로 키우기도 한다. 또, 해당 업종 특성상 내부거래를 통해 돈이 기업 집단 안에서 돈다. IT가 발달하면서 보안 목적으로 관련 계열사를 두는 경우도 많아졌다. 그러나 '머니머니(뭐니뭐니)' 해도 머니를 조성하기 가장 쉬운 업종이 물류와 건설이다. 거래대금, 공사대금 부풀리기로 뭉칫돈을 만드는 것은 가장 쉽고 오래된 수법이다. 따라서 물류와 건설사는 사정당국의 주요 관찰 대상이다. 내부 물류 수요나 건설 수요로 손쉽게 키울 수도 있다. 따라서 계열사 물량을 몰아주는 내부거래에 대한 비판도 거세다.

건설업은 지난 2008년 하반기 이후 업황 부진의 직격탄을 맞고 다른 계열사에도 부담을 안기고 있다. 그럼에도 기업 오너들은 물류와 건설 계열사를 될 수 있으면 손에서 놓지 않으려고 한다. 물론 물류의 경우 점점 더 그 중요성이 커지고 있고 사업적 필요성도 있지만 말이다.

네이버는 벤처 잡아먹는
재벌 공룡일까

국내 검색시장을 장악하고 있는 네이버에 대한 일부 언론의 비판이 계속 이어지고 있다. 벤처 생태계를 죽이는 또 다른 '공룡', '닷컴 재벌'이란다. '진짜 재벌'인 삼성이나 현대기아차그룹보다 더 두들겨 맞는다.

이유는 차치하고 우선 네이버는 재벌이 아니다. 재벌의 정의를 국어사전이 아닌 옥스퍼드 영어사전에 나오는 'Chaebol'로 찾아보자. '한국의 대기업 형태, 대규모 사업 집단으로 가족 경영을 위주로 한다'는 뜻으로 나온다. '가족으로 소유와 경영이 이뤄지며 가족의 폐쇄적인 소유와 경영, 지배가 특징'이라 나온다. 국어사전보다 순화된 표현으로 나오는 영어사전으로 봐도 네이버는 재벌이 아니다. 네이버 이사회 의장과 특수 관계자인 임원의 지분을 다 합쳐도 10% 미만이다. 네이버 경영진은 자회사 지분을 단 한 주도 보유하고 있지 않다. 모회사—자회사—손자회사의 단순한 수직 구조 체계이다. 대주주의 영향력은 네이버 하나에만 미치고 나머지 계열사는 업무 연관성만 유지한 채 독립적으로 운영된다. 네이버는 오히려 재벌 해체를 주장하는 경제 민주화 세력들이 가장 이상적으로 생각하는 지배구조 기업인 셈이다.

문어발식 경영을 재벌의 또 하나의 특징으로 본다면 네이버는 전혀 다른 기업이다. 네이버는 여러 관계사를 단일 사업부로 통합할 수 있을 정도로 한우물만 파고 있다. 정부가 중소기업 적합 업종까지 지정해야 할 정도로 온갖 업종을 모두 영위하는 다른 기업집단과는 다르다.

그러면 공룡일까. 공룡처럼 큰 것은 사실이다. 필자가 주니어 기자였던 시절에 명함을 들고 부지런히 여의도 바닥을 누비던 네이버 관계자들을 생각하면 격세지감을 느낀다. 네이버는 2000년대 초 당시 우후죽순처럼 등장하던 닷컴기업 중 하나에서 이제는 막강한 검색시장 점유율을 바탕으로 여러 서비스를 제공하는 포털 대기업으로 성장한 것이다.

그렇다면 공룡을 쿡 찔러서 토해내게 만드는 것이 옳을까. 네이버는 벤처 생태계를 죽인다는 비판에 못 이겨 부동산 자체 매물 정보 서비스 등을 종료했다. 네이버가 부동산 서비스 종료를 발표한 후 대형 부동산 정보제공업체가 압도적인 자본력과 인력을 바탕으로 광고비 인상 등을 추진하며 다른 부동산 정보제공업체들을 압박했다. 공인중개사들은 과거에는 네이버에 직접 매물을 등록했다. 10건까지는 무료였고 추가분은 건당 5천 원 선이었다. 이제는 정보업체

서비스에 가입해야만 네이버에 매물을 등록할 수 있다. 동네 복덕방 등의 비용 부담은 오히려 더 커졌다. 부동산뿐만 아니라 인터넷 서비스의 과점적 지위를 누리는 많은 업체가 대기업 계열이다. 네이버는 국내 시장에서 성장을 도모하고 있지 않다. 네이버의 모바일 커뮤니티인 '밴드'처럼 해외에서 성장 동력을 찾고 있다.

더군다나 구글이 글로벌 검색시장을 장악한 마당에 네이버는 러시아의 얀덱스와 함께 자국 검색시장을 유이(有二)하게 지키고 있는 포털업체다. 페이스북, 이베이, 아마존도 영역을 넓히고 있고 중국의 텐센트와 알리바바도 빵을 부풀리는 이스트처럼 급격하게 덩치를 키우고 있다. 네이버가 자체 서비스로 수많은 인터넷 기반 벤처기업을 고사시키고 있다는 것도 어불성설이다. 네이버가 키워놓은, 또는 만들어놓은 시장을 일방적으로 폄하하는 것이다. 네이버가 만든 시장에서 성장을 모색하는 벤처기업도 많다.

이런 상황에서 일부 언론과 그 언론의 눈치를 보는 정부가 네이버를 잡아먹지 못해서 난리다. 왜 그럴까. 아는 사람은 다 아는 얘기다. 일단 포털로부터 받는 콘텐츠 이용료가 포털의 광고 수익에 미치지 못한다며 불만이다. 또, 종이신문 시장에서 막강한 점유율을 차지하고 있는 보수언론은 온라인 뉴스 시장에서 네이버를 통해 다른 언론과 동등하게 노출돼야 하는 것을 싫어한다. 한마디로 의제 설정 권한을 독점하지 못하고 있는 데 대한 경쟁심리 내지는 불만인 셈이다. 네이버를 집중적으로 '까는' 매체는 정해져 있다.

CEO스코어데일리에 따르면 네이버는 지난 2013년 시가총액 순위

100대 기업(내역을 공개한 78개사) 중 매출액 대비 기부금 비중이 5.02%로 1위를 차지했다. 해당 비중이 1%를 넘는 기업도 네이버가 유일했다. 절대금액은 삼성전자와 KT가 더 많지만 매출액 대비 기부금 비중은 각각 0.22%와 0.55%에 불과했다. 2012년에도 네이버는 매출액 대비 기부금 비중 면에서 SK에 이어 2위에 올랐다.

'담당자가 없어요'
어설픈 기업도 많다

공시를 위반한 상장사들은 제재를 받기에 앞서 일단 한국거래소 측에 해명할 기회를 가진다. 해명 내용은 굳이 밝히지 않는 이상 언론에 잘 공개되지 않는다. 공시를 위반한 이유 중 가장 많은 내용은 '공시를 해야 하는지 몰랐다'는 것이다. 물론 불리한 내용을 투자자들에게 알리지 않기 위해 일부러 위반해놓고 거짓으로 해명하는 경우도 많다. 그러나 일부는 정말 몰라서 뜻하지 않게 규정을 위반한다.

공시규정이 복잡하기는 하지만 조금만 신경을 쓰면 굳이 해명하고 제재받지 않을 수 있다. 심지어 어떤 상장사는 공시 담당자가 출산휴가로 자리를 비워 제때 못 했다는 해명을 내놓기도 했다. 담당자가 자리를 비우면 해당 업무를 대체할 인력조차 없다는 얘기다. 사정이 이렇다 보니 매번 정정고시를 내는 상장사도 있다. 중요 공시 사항을 준비할 시간이 없어 서두르다 보니 나중에 실수가 발견

되기도 한다. 공시 담당자뿐만 아니다. 각 부서도 공시 담당자에게 알려야 하는 일인지 모르고 꿀떡 먹은 벙어리처럼 가만히 있기도 한다.

반대로 지나치게 공시 공포증이 있어 알려도 되는 내용을 함구하는 경우도 허다하다. 예를 들어, 공시해야 하는 공모 회사채를 발행하고 투자자를 모집하는 과정에서 언론에 알려지면 제재를 받는다며 기사를 내려달라고 막무가내로 졸라대는 기업도 많다. 고의적으로 공표하지 않는 이상 취재 등을 통해 알려지는 내용으로 제재를 받지 않음에도 말이다. 공시는 물론 자금 담당자도 시장 상황을 잘 모르는 경우다. 가끔 공정거래위원회발 자료를 보면 대형 기업집단 소속 상장사조차도 줄줄이 공시 위반으로 제재를 받는 내용이 심심찮게 나온다.

상장은 기업을 공개했다는 뜻인데, 이는 비상장사보다 투명하고 공개 과정에서 검증을 받았다는 일종의 프리미엄이다. 그러나 일부는 이처럼 내부 관리시스템이라고 부르기조차 어려운 주먹구구식으로 운영된다.

개인이나 기업투자자들도 학습효과를 통해 많이 약아졌는데 이를 잘 모르는 순진한 CEO도 많다. 뚜렷한 돌파구나 호재가 없는 상황에서 지지부진한 주가 그래프를 참지 못해 은밀하게 진행하던 프로젝트를 미리 터트린다. 구체적인 내용도 없이 포장만 그럴듯하게 꾸며놓기도 한다. 그러나 해당 프로젝트가 실제 수익으로 돌아오기에는 지난한 과정이 필요하다는 것을 경험 많은 투자자들은 어느 정도 안다. 오히려 발표 후 주가가 더 곤두박질친다. 시장의 신뢰를 잃어 회복하는 데 오랜 시간이 걸린다. 심지어 어떤 포인트에서 시장의 신뢰를 잃었는지조차 파악하지 못하는 기업도 있다. 시장을 너무 만만하게 본 탓이다.

수출기업 중에서는 환율 관리를 제대로 못 하는 곳도 많다. 환 관리를 위해 관련 환헤지 파생상품에 가입했다가 손해를 보기도 하는데 시장을 떠들썩하게 했던 '키코(KIKO: Knock In, Knock Out)' 사태가 대표적이다. 사실 주식이나 환율, 금리 변동폭을 정해놓고 상·하한선을 돌파하면 손해를 보는 구조의 파생상품은 상당히 위험하다. 이러한 상품에 환관리를 전적으로 맡기는 것은 무모한 일이다. 위험을 알리기보다는 판매에만 열을 올린 은행도 문제지만 위험이 큰 파생상품 구매자 스스로 철저한 분석을 해야 했다. 수출의 기본적인 절차도 지키지 못해 고스란히 막대한 벌금을 무는 수출기업도 본 적이 있다.

M&A 시장에서도 마찬가지다. 매각자가 너무 비싼 가격을 부르는 것이다. 본래 흥정이란 매각자는 비싸게, 인수자는 싸게 부른 후 접근하는 방식이지만 그 정도가 지나친 사례가 많다. 해당 가격이면 재무적으로 깨끗하고 동일한 규모의 기업을 하나 신규로 설립해도 될 정도다. 이는 CEO가 전혀 시장 감각이 없고 욕심만 부리는 경우다. 나중에 현실을 알고 가격을 낮춰도 인수 측에서는 의심부터 하기 때문에 거래 자체가 제대로 이뤄지지 않기도 한다. 또, 변호사한 명만 대동하고 계약을 어설프게 하는 경우도 많다. 아무리 상대

측과 신뢰가 쌓였다고 해도 안전장치는 많으면 많을수록 좋다. 매매 계약서만 달랑 체결했다가 후일 분쟁이 벌어지는 일도 비일비재하다. 미래 수익을 정확히 평가해야 하는 M&A에서 제대로 된 수익 분석이 이뤄지지 않는 경우도 있다.

이런 기업들은 외부 컨설팅이 필요하다. 그렇다고 돈 많은 대기업처럼 값비싼 유명 컨설팅사를 이용할 수는 없다. 살짝 눈을 돌려보면 중소·벤처기업이 컨설팅 서비스를 받을 기회는 많다. 정부 등에서 컨설팅 지원을 한다고 해도 모르거나 '내가 더 잘 안다'고 하다가 나중에 더 큰 화를 당한다. 약간의 비용도 아깝다고 생각하면 안 된다. 정 돈이 없다면 임원이라도 돌아다니면서 지인을 통해 부지런히 자문을 구해봐야 한다.

'진짜 투기'
스타트업(Start-up) 기업

　어린 시절 한국전쟁을 겪었거나 전쟁 직후 태어난 세대들은 부모에게 용돈을 타기 위해 많지도 않은 참고서나 사전 이름을 나열하며 거짓말을 했다. 부모 세대들은 학교를 제대로 마치기조차 어려운 시대를 살았던 탓에 자식이 공부한다니 없는 살림에 돈을 내줬다. 80년대생 이후부터는 컴퓨터 주변기기나 소프트웨어를 산다며 용돈을 타냈다. 부모가 비교적 고등교육을 받았으나 아무래도 컴퓨터 등과는 그다지 친하지 않기 때문이다. 요새는 각종 IT 기기로 거짓말할 수는 있는데 '영상세대'이자 컴퓨터는 물론 스마트폰도 잘 다루는 부모를 속이기 어렵다고 한다. 그런데 이제는 초중고생 자녀를 둔 부모에게도 낯선 용어가 점차 많아지고 있다. 인터넷 혁명, 스마트폰 혁명으로 기술이 발전하고 새로운 시장도 형성되고 있으며 삶도 바뀌고 있기 때문이다. 이러한 트렌드를 따라가기란 쉽지 않다.

　투자시장도 마찬가지다. 과거에는 신규 사업에 대한 투자 의사결정이 비교적 쉬웠다. 시장 조사하고 보유 기술만 파악하면 답이 나왔다. 물론, 과거에도 작정하고 사기를 치면 유명 금융회사조차 속았지만 말이다. 그런데 최근 이른바 스타트업이 늘어나면서 관련 투자도 증가하고 있다. 스타트업은 설립한 지 오래되지 않은 신생 벤처기업을 일컫는다. 혁신적 기술과 아이디어를 보유한 창업기업으로 대규모 자금을 조달하기 전이라는 점에서 벤처기업과 구분된다. '창조경제'를 외치는 정부도 스타트업 기업 육성에 팔을 걷어붙였다. 스타트업 전문 투자사도 등장한 지 꽤 됐다. '묻지마 투자'도 자주 눈에 띈다.

스타트업 투자가 위험하니까 삼가야 한다는 말은 아니다. 해당 기업이 가진 기술의 수준이 얼마나 높은지, 노리는 시장의 성장성이 얼마나 큰지 알아내기가 과거보다 훨씬 어렵다는 말을 하려는 것이다. 자고 일어나면 새로운 기술과 시장이 열리는 시대에 제대로 된 가치를 평가하기 어렵다. 사업을 이해하는 데만 오랜 시간이 걸리는 경우도 많다. 따라서 창업자 및 임원의 경력을 참고로 한 '맨파워'를 중요한 평가 잣대로 삼기도 한다. 게다가 IT 시장에서 많이 등장하는 스타트업의 기술이란 대부분 진입 장벽이 낮다. 앞서 언급한 것처럼 기존 기업의 고용이 제한적인 상황에서 우수한 인력이 창업시장에 눈을 돌리는 경우가 많아지면서 경쟁도 심화됐다. 스타트업 성공률이 높지 않은 것도 사실이다.

그렇다고 스타트업을 지원하지 않으면 크게는 국가 경쟁력 약화로 이어진다. 어떻게 하면 될까. 사업성이 보인다면 일단 진입 장벽을 빨리 높게 쌓아야 한다. 따라서 빠른 투자 의사결정과 꾸준한 자금 투입이 필수사항이다. 그러기 위해서 투자자들은 사전에 시장과 기술 트렌드를 미리 파악하고 있어야 한다. 제의를 받은 후 처음부터 검토하고 있으면 스타트업은 다른 투자자를 찾는다. 또, 치고 빠지는 벤처 투자로는 투자자도, 스타트업 자체도 성과를 거두기 어렵다. 스타트업 종사자들도 기술 개발과 장사보다는 돈 꾸러 다니기 바쁠 것이다. 투자 방식이 변하지 않고서는 스타트업 기업에 대한 투자는 도박이다. 스타트업 기업 자체가 도박인 경우가 많기 때문이다.

농수축산업계
재벌도 있다

한국거래소가 돈육선물시장을 개장한 지 6년이 지났으나 여전히 거래 활성화는 요원하다. 돈육선물은 돼지 가격의 변동 위험을 피하기 위해 미래 특정 시점에 돈육 대표가격을 사거나 팔 것을 약정하는 선물거래다. 그러나 돼지고기 가격의 급등락에 대비한 돈육선물은 거의 실패한 시장이 됐다.

거래 부진의 이유로는 상품에 대한 이해도 부족이 꼽힌다. 또, 전문가 부족, 상품 설계의 허점 등도 문제점으로 지적된다. 그러나 무엇보다 양돈업자는 물론이고 육가공업체, 유통업체들이 참여 필요성을 느끼지 못하는 데 가장 큰 원인이 있다. 돈육 가격 파동이 나면 정부가 나서서 가격 안정화 대책을 내놓기 때문이다. 급등하면 물가 안정을 목적으로, 급락하면 양돈 농가 보호를 위해 나선다. 굳이 이해하기도 어려운 선물거래까지 할 필요가 없는 셈이다.

거래소는 돈육선물 도입을 위해 초기에 상당한 노력을 기울였다.

언론 홍보는 물론이고 전국을 돌아다니며 설명회를 열었다. 금융전문가를 대상으로 하는 설명회가 아닌 만큼 쉽고 편하게 거래할 수 있다는 점을 강조했다.

그런데 설명회 참석자들 면면이 예상과 전혀 달랐다. 따가운 햇볕에 그을린 얼굴과 많은 노동으로 굵어진 손마디를 가진 촌부들이 아니라 적어도 중소기업 사장급 정도가 대거 참석한 것이다. 주차장에는 값비싼 수입차가 즐비했다고 한다. 이른바 기업농들이다. 이처럼 농수축산업계에도 대기업이 있다. 소규모 가족농을 소작농으로 삼기도 한다. 영세한 가족농은 기업농에 비해 규모의 경제를 실현할 수 없기 때문에 경쟁력이 떨어진다. 농수축산업도 산업이라고 본다면 기업화되는 것은 어찌 보면 당연하다.

정부는 농수축산업에 많은 지원을 하고 있다. 저리의 융자는 물론이고 손실 보전도 한다. 보조금도 적잖이 집행된다. 기후나 전염병으로 문제가 발생하면 긴급 예산이 투입된다. 여론도 시골에서 고생하는 부모님을 떠올리거나 연고가 없더라도 막연한 마음의 고향이라는 생각으로 별다른 반대를 하지 않는다. 정치권도 표를 의식해 정부의 지원을 독촉한다. 이러한 지원은 기업농한테도 간다. 변화무쌍한 날씨나 예상하지 못한 전염병 등의 영향을 고려하면 가격 안정을 위해 기업농한테도 지원이 필요하다. 생존에 가장 중요한 식량이기 때문에 더욱 그렇기도 하다. 하지만 삼성이 스마트폰 사업을 하다가 손실을 입었다고 정부에서 지원한다면 찬성하겠는가. 더군다나 경쟁이 치열해지고 매일 새로운 기술이 등장하는 시대에 일반

대기업도 천재지변에 가까운 경영환경 변동을 이겨내야 한다.

　물론, 소규모 가족농은 보호해줘야 한다. 기업화 추세라고 해서 가족농을 모두 소작농으로 만들 수는 없는 노릇이다. 규모의 경제를 실현할 수 없고 대처 능력도 떨어져 가격 변동에 더 큰 피해를 입기도 한다. 따라서 기업농과 가족농을 구분해 지원하는 방안을 찾아내야 한다. 현실적으로 어렵다고 하는데 '국세청 조사처럼 하면' 못 할 일이 뭐가 있겠는가. 사실상 가격 결정권을 가진 기업농을 외면할 경우 기대한 지원 효과가 떨어진다는 반론도 있다. 그러나 그 가격에는 문제가 없을까. 대대적인 전수조사부터 필요하다.

공시의 미학…
기업의 돌려 말하기

공시를 자주 보는 투자자는 기업의 어법을 잘 알고 있지만 그래도 잘못 해석하는 경우가 있다. 심지어 일부 경험이 부족한 기자들도 곧이곧대로 받아들이기도 한다. 한국거래소는 중요한 사안에 대해 시장 소문이나 보도가 나왔을 때 상장 기업에 조회공시 답변을 요구한다. 해당 기업은 이에 대해 성실하게 답변할 의무가 있다. 답변을 하지 않거나 거짓 답변을 내놓으면 공시 위반으로 제재를 받는다.

그러나 민감한 사안에 대해 기업은 갈등한다. 예를 들어 M&A의 경우 본계약 체결 전까지 보안이 중요하다. 중간에 거래가 틀어지는 경우가 허다하기 때문이다. 상장사의 경우 주가 움직임도 문제지만 아직 거래를 성사시키지도 못했는데 해당 기업 직원들이 느낄 동요도 걱정해야 한다. 또, 자문사를 포함한 거래 쌍방이 비밀 유지 약정을 맺기도 한다. 하지만 중간에 정보가 새 나가고 조회공시를 받는다면 고민에 빠진다. 그렇다고 공시를 거짓말로 할 수도 없다. 가끔 일부 기업은 허위 공시로 제재를 받기도 하지만 말이다.

따라서 알쏭달쏭한 표현을 쓸 수밖에 없다. 몇 가지 사례를 보자. M&A 여부에 대한 답변이 '검토 중이나 아직 확정된 바 없음. 변동이 있을 경우 3개월(또는 6개월) 내 재공시하겠음'이라면 보도나 소문이 사실이라고 100% 인정한 것이다. 확정된 바 없다는 점에 무게를 두면 안 된다. 더군다나 검토 중이라고 언급했다면 이미 거래가 상당 부분 진행됐을 가능성이 크다. 그러나 가끔 이를 악용하는 경우도 있다. 자금 압박을 받는 상장사가 같은 표현을 써서 오해를 불러일으킨다. 겨우 외부 투자 의사 정도만 확인했는데 추진 중이라면서 주가를 부양하는 사례도 드물게 있다. 조회공시제도를 악용하는 것이다.

'○○○은 사실무근임' 또는 '검토한 바 없음'이라는 공시는 말 그대로 보도나 소문이 틀렸다고 부인할 때 사용된다. 가끔 거래를 진행하다가 틀어졌을 때 직원들의 동요나 불필요한 오해를 막고 접촉 자체를 비밀로 하기 위해 이런 표현을 쓰기도 한다. 아주 예외적인 경우도 있다. 특히 해외 기업을 인수하거나 피인수될 때 적어도 거래가 수개월 이상 소요될 것으로 예상하거나 아주 초보적인 협의 단계라면 일단 부인하는 것이다. 과거 모 기업의 해외 기업 인수 기사를 작성한 적이 있는데, 해당 기업이 필자에게 팩트는 맞지만 일단은 부인할 테니 양해해달라고 부탁한 적이 있었다. 일반투자자가 이를 알 길은 없지만, 한참 시간이 지난 후 재공시에서 팩트가 드러난다. 물론, 거래가 성사되지 않았다면 보도는 오보, 소문은 헛소문으로 묻힌다.

조회공시 자체를 아예 하지 않는 사례도 있다. M&A나 투자 관련 민감한 사안이지만 뉴스나 소문 파장이 크지 않은 상태에서 해당 기업이 거래소 측에 거래 무산을 우려해 조회공시를 하지 말아 달라고 부탁하는 것이다. 거래소는 보도나 무분별한 소문에 조회공시를 남발하지 않으려 하며, 주가에 영향이 거의 없는 상황에서는 될 수 있으면 거래를 보호하려고 한다. 물론, 주가가 크게 흔들리거나 파장이 커지면 거래소도 공시를 요구할 수밖에 없다. 구구한 억측이 투자 피해를 양산하기 때문이다.

/
비관적 사업 전망과
주가 띄우기 사이

재벌 회장이나 대기업 CEO의 신년사나 평소 언론에 알려지는 멘트를 자세히 보면 기업의 정치력을 발견할 수 있다. 많은 사자성어나 미사여구를 사용하지만 대부분 '경영환경이 갈수록 나빠지고 있지만 우리는 극복할 수 있다'로 요약된다. 이러한 화법은 수년 전부터 더 심해지고 있다. '우리는 잘나가'라고 대놓고 말하면 정부의 견제와 사회적 요구는 심해지고 부익부 빈익빈, 경제력 집중이라며 눈총을 맞는다. 당장 투자와 고용을 확대하라고 주문할 것이다. 그렇지 않으면 세금 카드를 만지작댄다.

그렇다고 '우리는 어렵다'고만 하면 투자자들로부터 비판을 받을 수 있다. 목표 매출액과 이익규모를 전년 대비 낮추는 경우는 거의 없다. 당장 주식시장에서 반응이 올 것이다. 따라서 '정말 힘들다'고 해놓고 이렇게 저렇게 하겠다며 경영목표를 높게 설정하는 것이다. 기업의 이익을 대변하는 연구소도 경영환경이 부정적이라는 보고서를 낸다. 경제단체는 말할 것도 없다. 여러 리스크를 잔뜩 나열하고 비관적 시나리오를 제시한다. 임금 인상을 요구하는 노동계의 목소리가 커질수록 경영환경에 대한 경고는 강도를 더한다. 심지어 두려울 정도의 시나리오도 제시된다. 이는 정책적 지원을 이끌어내기 위한 목적도 있고 자유시장경제를 앞세워 건들지 말라는 경고의 의미도 담겨 있다. 임금 인상 등 노조의 요구를 누르기 위한 수단으로도 쓰인다. 보고서에는 다른 선진국 정부의 간섭이나 규제 내용은 쏙 빠져있다. 규제 해소와 지원은 보기 좋게 나열된다. 특히 '자유시장경제를 잘 수행한다는(한다고 믿는)' 미국 경제가 잘 나갈수록 보고서는 본받아야 한다고 외친다. 이를 바탕으로 기업은 점점 더 절묘한 화법을 구사한다.

정부도 마찬가지다. 아니 오히려 기업이 정부로부터 배웠다고 해도 과언이 아니다. 지나고 보면 우리나라 경제에 위기가 없었던 때가 있었는가. 국가신용등급 때문에 국제신용평가사 눈치도 봐야 하니 충분히 극복할 수 있다는 목표도 세운다. 반대로 호황기에도 샴페인을 일찍 터트렸다며 선진국 문턱에서 좌절한 국가들의 사례를 즐비하게 나열하기도 한다. 열심히 일하자고 긴장감을 불어넣는 것은 좋다. 그러나 항상 반복되다 보니 이제 피로감을 느끼게 한다.

덕지덕지 벽에 걸린
상을 믿지 말라

소비자대상 수상, 최우수제품 선정, 최고등급 획득, 유망 중소기업 또는 혁신기업 지정, ○○부문 1위⋯. 기업이나 제품에 대한 상이 참으로 많은 시대다. 언론들이 앞다퉈 각종 시상식을 열고 장관상, 차관상 등 정부가 수여하는 상도 많다. 최근에는 지방자치단체도 너도나도 상을 주거나 인증서를 건네준다. 별 볼 일 없는 실적이나 기술을 가진 기업도 하나씩은 상을 보유하고 있을 정도다.

이러한 상들이 얼마나 신뢰를 가질까. 적어도 기업 투자시장에서는 신뢰를 잃은 지 오래다. 기업 관련 자료를 요구하면 수상내역이 제일 거창한 경우가 많다. 기업 가치에 비해 이런저런 수상이나 인증, 지정 등이 많으면 오히려 의심하고 볼 정도다. 내실을 다지기보다 외부 홍보에 주력한다는 인상까지 받는다. 왜 상이 이토록 신용을 잃었을까.

우선, 수여자의 의도가 담겨 있는 상인 경우가 많기 때문이다. 언론은 광고와 상을 거래한다. 언론사가 주는 많은 상들이 이렇다. 대기업 홍보 담당자는 연말이 되면 상 받으러 다니기 바쁘다. 가급적 높은 임원이 나와야 상에도 권위가 붙기에 언론사 간 섭외 경쟁도 벌어진다. 아예 광고 섹션을 만들어 수상 기업 광고를 싣는다. 당연히 공짜는 아니다. 해외 언론도 마찬가지다. 가끔 우리나라 제품이 해외 어떤 언론으로부터 무슨 상을 받았다는 보도가 있다. 상이 아닌 제품 비판은 요즘 같은 인터넷 시대에도 잘 알려지지 않거나 축소 보도된다.

두 번째는 검증 부실이다. 정부가 수여하는 상은 나름대로 기준이 있다. 그러나 기준이 그다지 높지 않다. 검증도 하지만 전문가가 아닌 이상 제대로 기업을 평가하기 어렵다. 중앙정부는 물론 지자체 내 인력도 시간도 없다. 각종 협회도 마찬가지다.

지자체가 주는 상은 두 가지 이유에 모두 해당된다. 해당 지역에 투자를 이끌어내기 위해 다른 곳으로 이전하지 말라는 뜻이 포함되는 경우가 많다. 지자체도 기술 가치 등을 제대로 검증할 장치가 부족한 것은 마찬가지다. 외부 전문가로 검증단을 꾸려도 정밀한 평가가 어렵기는 마찬가지다. 아예 좋은 평가나 인증을 받지 못하는 것보다는 낫겠지만, 기업 투자를 결정하거나 제품을 구매할 때 수상내역은 가벼운 참고사항이어야 한다.

/

녹아들어가지
못하면 당한다

GDP나 무역 규모 등에서 괄목할 만한 성장을 이룬 우리나라지만 선진국에 본사를 둔 글로벌 기업들은 아직 우리나라 기업이나 시장, 나아가 나라 자체를 무시하는 행태를 보이는 경우가 있다. 말로는 중요한 시장이고 훌륭한 인프라를 갖췄다고 극찬하지만 행동은 그렇지 않다. 국내 은행을 인수한 한 외국계 은행은 국내 우량 방산 기업에 대한 여신을 지점장에서 은행장 전결 사안으로 바꿨다. 자국 방산기업을 제외한 다른 국가의 기업은 일괄적으로 등급을 낮게 매기기 때문이다. 기존 국내 은행과 거래했던 한 방산기업은 은행장 결재를 기다리다가 다른 은행으로 주거래은행을 변경했다. 또 다른 외국계 은행은 기존 국내 은행의 내부 전산시스템을 바꾸려다가 심한 반발에 직면했다. 국내 은행의 것과 비교해서 전혀 나을 것이 없었기 때문이다. 두 은행은 국내 은행 인수 효과를 기대만큼 보지 못하고 있다. 현지화가 아닌 자신들의 잣대를 고수했기 때문이다. 글로벌 유통기업이 국내에서 처참한 실패를 거두고 철수한 사례는 이미 잘 알려져 있다. 철저한 현지화 작업 없이 시장을 너무 가볍게 본 것이다.

이러한 대표적인 사례 외에도 가끔 글로벌 기업들이 국내 상황이나 관행을 무시하는 경우가 많다. 해당 기업의 상품이 부의 상징이라든지 아니면 완벽한 비교우위에 있다든지 하는 경우가 아니라면 국내에서 성공하기 어렵다. 무시의 대가를 치르게 하는 것도 소비자들이 해야 할 일이다.

해외에 나간 우리 기업은 어떤가. 과거에는 많은 분쟁이 일어났다. 정부나 기업이 쉬쉬하면서 알려지지 않은 창피한 사례도 많다. 심지어 유럽에서 노동조합을 인정하지 않다가 혼난 대기업도 있을 정도가 아닌가. 최근까지도 해외 판매는 물론 현지인을 고용해 생산을 수행하는 국내 기업 관계자들이 마찬가지로 상대국을 무시하는 경우를 적잖게 봤다. 마찬가지다. 사람은 언제까지나 무시당하고 살지는 않는다.

대부업이 성행하는 것은 어느 광고 카피처럼 꼭 필요한 사람이 있기 때문이다.
까다로운 은행 심사를 통과하지 못하지만
갚을 수 있는 사람이 급한 일을 당해 대부업체를 이용하면 이상적인 그림일 것이다.
가뜩이나 어려운 사람이 높은 이자를 내면서 악순환을 반복하기 때문에
이자율을 더 낮출 수는 없느냐는 비판이 있다.
그러나 이자율이 높은 이유도 있다.

금융시장의
허와 실

'형님 아우' 연(連)이 판치는 여의도…
아니면 결국 수수료

　말끔한 정장을 입고 빔 포인터를 들고 프리젠테이션(PT)를 유창하게 해낸다. 설명을 들은 기업이나 기관은 응찰한 곳에 대한 서류 심사와 PT 평가를 통해 관련 일을 대행할 업체를 선정한다. 이 모습이 진정한 영업이고 마케팅 행위일 것이다.

　그러나 현실은 그렇지 못하다. 심지어 소위 배운 사람들이 움직이는 금융시장에서도 혈연과 학연, 지연이 판을 친다. 같은 지역 출신들은 정기적으로 모임을 가지며 '딜'을 사전에 얘기한다. 경쟁 PT 등은 형식일 뿐이다. '들러리 섰다는 느낌'이라는 말은 너무도 많이 들어왔다. 특정 지역과 대학은 유독스러워서 '누가 담당자'라고 하면 아예 응찰조차 하지 않는 경우도 있다. 해당자가 당황한 나머지 응찰하라고 독려하는 해프닝도 벌어진다.

　또, 단순한 시장 거래에서도 같은 값이면 연이 있는 사람과 거래를 한다. 사전에 물량과 가격 정보를 주고받기에 가능하다. 시세판만 무심한 듯 차갑게 돌아가고 있는 셈이다.

물론, 아무리 잘 아는 사람이라도 금액이나 물량 차이가 크거나 서비스 질이 확연하게 다르면 밀어줄 수가 없겠지만 약간의 차이는 각종 연(連)에 의해 무시된다. 특정 고등학교나 대학 출신, 특정 지역 출신으로 똘똘 뭉쳐있다. 점점 공정해지고는 있으나 오늘도 금융시장 영업맨들은 새로운 인연이 아닌 출신으로 영업을 하고 있다.

특별한 인연이 아닌 객관적인 평가를 통해 금융회사에 돈을 맡기거나 자문을 맡길 때도 그 '객관'은 결국 수수료로 귀결될 때가 많다. 국내 금융회사들의 서비스가 고만고만한 수준인 영향도 있겠으나 비용을 낮추려는 욕심은 중소기업이나 대기업, 공공기관이 다 똑같기 때문이다. 특히 감사를 무서워하는 공공기관은 거의 덤핑 수준으로 수수료를 제시한 금융회사에 외주를 맡기는 경우가 많다. 정부가 금융회사의 경쟁력 제고를 강조하고 있어도, 남는 돈이 없더라도 일단 실적만 쌓고 보자는 식으로 무조건 낮은 수수료를 제시한 곳에 일을 맡기는 불일치가 발생한다. 공공기관의 공정성이 과거에 비해 점점 높아지고 있는 것은 사실이다. 그러나 세련된 영업과 심사는 아직 꿈일까.

/
금융시장의
덤핑

M&A와 기업금융(Corporate Finance) 등을 다루는 IB(Investmetnt Bank) 부문 종사자들은 금융시장에서 가장 화려한 스펙을 자랑한다. IB 전문가는 비교적 높은 기본 연봉을 받고 인센티브 체계에서도 여타 금융업 종사자들과 다르다. 그러나 화려한 IB 이면에는 저잣거리에서나 볼 수 있는 흥정이 벌어진다. 일상적인 채권 거래 등은 인맥이 중요하지만 아무래도 적잖은 수수료가 지급되는 IB 부문에서는 어느 정도 트랙 레코드와 실력이 고려되지 않을 수 없다(물론 엇비슷하다면 앞서 언급한 대로 인맥이 작용하지만).

증권사들이 'IB 육성'에 총력을 기울이면서 수수료 경쟁에 나서고 있다. 인지도 있는 기업을 잡기 위해 인건비도 남지 않는 수준까지 수수료를 낮추는 경우도 있다. 일부를 제외하고는 트랙 레코드나 실력, 서비스 수준이 비슷하기 때문이다. 트랙 레코드가 부족한 IB들은 '일단 따고 보자'는 식으로 영업을 한다. 심지어 M&A 매각 자문사로 낙점받기 위해 컨소시엄을 구성한 외국계 IB에 수수료를 몰아주고 이름만 걸친 국내 IB도 있었다. 당연히 수익성이 나빠지고 중장기적으로 지속되면 자연스럽게 내부 지원도 줄어들 수밖에 없다.

사정이 이렇다 보니 고객인 기업은 흥정을 한다. 수수료 깎는 것은 기본이고 과도하게 성공보수(Success Fee) 비중을 높인다. 예를 들어 보통 수수료가 1억 원이라면 7천만 원만 주기로 하고 거래가 성사되면 1억1천만 원을 주겠다고 약정하는 것이다. 언뜻 합리적으로 보이지만 IB 입장에서는 죽을 맛이다. 거래가 여러 사정에 의해 무산되는 경우가 많기 때문이다. M&A 자문시장에서는 로펌들조차도 과도한 성공보수 비중 탓에 힘들어하고 있다.

아직은 국내 IB가 발전하기 위한 과도기이다. 또, 절대적인 네트워크와 실력을 갖추고 외국계 IB와 당당하게 겨룰 수 있는 뚜렷한 강자가 없는 것도 하나의 이유다. 그러나 발전도 하기 전에 서비스 질이 하락하거나 우수한 인력 이탈이 먼저 발생할지 모르겠다. 일부 IB는 성장도 하기 전에 실적 압박을 이기지 못하고 주저앉는 경우도 있다.

IB 업무는 금융기관이 기업에 제공하는 비교적 고급 서비스 영역에 해당한다. 외국계 IB는 여전히 수천억 원, 수조 원짜리 M&A 시장에서 국내 IB들을 따돌리고 있다.

국부 유출의
기준이 무엇인가

크로스보더 M&A(Cross-border M&A: 국경 간 인수합병) 또는 M&A는 때로는 심각한 갈등을 낳는다. 전략적 투자자(SI)가 아닌 국적이 다른 사모투자펀드(PEF) 같은 재무적 투자자(FI)가 인수자로 나설 경우 이른바 '먹튀'의 아픈 기억부터 떠올린다. 해외 자본에 '당한' 기억은 우리가 순진하고 마땅한 대안을 찾지 못한 능력 부족 탓이다. 여러 비판이 있지만 사후약방문이다. 학습하고 기억하면 된다.

그런데 이런 기억 때문에 국부 유출이라면 언론이나 노조가 쌍심지를 켜고 반대한다. 애국심도 자극할 수 있어서 여론도 쉽게 모은다. 물론, 다른 나라도 마찬가지다. 두산그룹이 이탈리아 방산업체 핀메카니카(Finmeccanica)의 에너지·발전사업 자회사인 안살도에네르기아(Ansaldo Energia, 이하 안살도)를 인수하려다 실패했다. 인수 무산의 원인 중 하나가 이탈리아 현지 여론의 반대였다. 안살도 지분은 재무적 투자자(FI)인 이탈리아 국영은행에 팔렸다.

이런 논란은 항상 벌어진다. 가까운 예로 웅진케미칼 매각 경쟁입찰에서 일본계 기업의 한국법인인 도레이첨단소재를 우선협상대상자로 선정하기 전 기술 유출 논란이 있었다. 입찰에서 떨어진 국내 기업의 여론전이었다. 결국, 웅진케미칼의 역삼투압 필터 기술이 세계적으로 완전한 독자기술이 아니라는 점에서 우선협상자는 가장 높은 가격을 써낸 도레이첨단소재로 돌아갔다.

또, 과거 하이닉스, 대우조선해양, 쌍용차 등 매각 시에도 자주 언급됐었다. 하이닉스(현 SK하이닉스)는 SK그룹에 매각됐고 대우조선해양은 아직 주인을 찾지 못했으며 쌍용차는 중국을 거쳐 인도 기업에 팔렸다. 방위사업을 수행하는 대우조선은 논외로 하더라도 하이닉스와 쌍용차의 판단 기준은 무엇이었던가. 기업 본사나 공장이 소재한 지역의 국회의원도 여론에 등 떠밀려서 해외 매각을 반대하기도 한다.

앞으로 국내 기업의 해외 매각 시 이런 논쟁은 자주 벌어질 것이다. 때로는 유일한 매각 길이 막힐 수도 있다. 따라서 아예 전담기구를 두는 방안을 고려해야 한다.

미국에서는 재무부 산하에 외국인투자위원회(CFIUS)와 같은 기구가 있다. CFIUS는 외국 자본의 투자가 국가 안보에 위협이 되는지 심의하는 기구다. 시장경제의 선진국이라는 미국도 해외 매각에 민감한 것은 마찬가지다.

중국도 지난 2011년 해외투자 안전심사위원회를 설치했다. 국가 이익에 반하는 M&A를 감시·감독하기 위한 목적이라지만 CFIUS에 대항한다는 의미도 있다.

물론 기구가 판단을 내려도 논란은 여전하겠지만, 주먹구구식으로 제기되는 기술 유출 등의 논쟁은 어느 정도 줄일 수 있다. 여론의 눈치를 살피는 정치권의 간섭이나 노조의 무조건적인 반대도 배제할 권한을 줘야 한다. 외환위기 이후 해외 사모투자펀드(PEF) 등에 '당했던' 기억 때문에 해외 매각을 무조건 반대하거나 여론에 휘둘린다면 뒤처리는 우리가 고스란히 감당해야 한다.

신용평가사를 위한
한 가지 변명

어떤 기업이 부도가 나거나 기업회생절차(법정관리)를 신청했을 때 신용평가회사(이하 신평사)들이 비난을 받는 경우가 많다(심지어 회사채를 발행하지 않거나 따로 등급 신청을 하지 않아 신용등급이 존재하지 않는 기업이 부도났을 때도 신평사를 비난하는 사람들이 있다). 물론 신평사의 잘못도 있다. 보통 신평사 직원 한 명이 여러 기업을 맡다 보니 밀착 감시가 어렵다. 또, 부실기업이나 부실해진 기업도 신평사 입장에서는 고객사이기 때문에 너무 매정하게 등급을 조정하기도 쉽지 않다. 국가 신용등급을 매기는 국제 신평사의 경우 중국과 일본 등이 반발하면서 논란의 중심에 서기도 했다. 중국과 일본은 이에 대항해 평가사를 만들기도 했으나 시장에서 받아들이지는 않고 있다.

이러한 점에서 신평사에 대한 비난은 옳다. 더구나 투자자의 막대한 피해를 생각하면 신평사들도 책임을 면하기 어렵다. 신평사가 신용을 잃으면 투자 시 판단 기준이 모호해진다.

그러나 한 가지 변명거리는 있다. 만약 어려운 기업의 신용등급을 부도에 준하는 수준으로 신속하게 낮췄다고 가정하자. 이 조치가 방아쇠(Trigger) 역할을 하면서 채권자들은 채권을 회수하기 시작할 것이고 (상장기업일 경우) 주식 보유자는 투매에 나설 것이다. 외부 자본 유치나 중요 자산 매각 등으로 극적으로 회생할 기회조차 박탈할 수 있는 셈이다. 이는 신평사의 영원한 고민이다.

과거 신평사가 아닌 증권사의 내부 신용평가보고서가 유출된 적이 있다. 주로 재무적으로 위험군에 있는 기업집단을 분류해놓은 것인데 내용이 알려지면서 혼란이 발생했다. 증권사는 개인 의견이라며 축소했고 거론된 그룹사는 강하게 항의했다. 서둘러 수습했기 망정이지 자칫 투매로 이어질 뻔했다.

투자자들 스스로 정크본드 수준의 BB 등급 이하 기업이나 급속도로 등급이 하향 조정되는 기업에 대해서는 예의 주시할 수밖에 없다.

/

'돈 빌려 쓰세요'
필요악 대부업

성경에서는 구약과 신약을 넘나들면서 이자를 받는 행위를 죄악 시했다. 종교개혁가 장 칼뱅이 이자를 받는 행위에 일종의 면죄부를 줬지만 이슬람 율법인 샤리아(Shariah)에서는 여전히 금지다. 따라서 이슬람 국가들은 수쿠크(Sukuk)를 고안해냈다. 쉽게 설명하면 돈을 빌려주는 자가 실물을 매입해 사용자에게 대여하고 리스료를 받는 형태다. 고리대금업자는 동서고금을 막론하고 거의 모든 책에서 나쁘게 그려진다. 무지막지한 이자 추심으로 가난한 서민의 등을 치는 인물로 그려지는 것이다.

오늘날 대부업도 고리대금업이다. 저금리 시대에도 두자릿수의 이자율을 적용한다. 예전에 지명도 있는 연예인이 대부업체 광고에 출연했다가 자신은 잘 몰랐다고 부인하는 해프닝도 있었다. 일본계 자금이 국내 대부업계에 대거 진입하면서 여론은 더 부정적이다. 이자율 상한선을 정하고 규제를 강화하고 있지만 감독당국의 영향력이 소규모 대부업체까지 미치지 못하는 것도 사실이다.

최근 케이블 채널에서 대부업체 광고 비중이 상당히 커졌다. 돈 빌려 가라는 광고가 채널만 틀면 나올 정도다. 프로구단까지 소유하고 저축은행을 인수하는 업체도 등장했다. 순수 국내 자본으로 설립됐다며 애국심을 자극하는 업체도 있다.

대부업이 성행하는 것은 어느 광고 카피처럼 꼭 필요한 사람이 있기 때문이다. 까다로운 은행 심사를 통과하지 못하지만 갚을 수 있는 사람이 급한 일을 당해 대부업체를 이용하면 이상적인 그림일 것이다. 가뜩이나 어려운 사람이 높은 이자를 내면서 악순환을 반복하기 때문에 이자율을 더 낮출 수는 없느냐는 비판이 있다. 그러나 이자율이 높은 이유도 있다. 낮은 신용등급으로 은행이나 저축은행 등을 이용할 수 없는 사람에게 낮은 이자율을 적용할 수는 없다. 이자율에는 미상환 리스크가 포함돼 있는 것이다.

또, '무시무시한' 대부업을 능가하는 사기꾼도 많다. 차량 담보 대출을 받은 사람이 종적을 감추자 대부업체 직원이 담보물을 확보하러 갔다. 그런데 차량은 이미 다른 대부업체로 넘어간 상태였다. 서류 등을 정교하게 꾸며 차량 한 대로 여러 곳에서 돈을 받아낸 것이다. 등록 명의자와 실제 차량 소유자가 다른 이른바 '대포차' 사기도 늘어났다. 다른 악성 채무자도 많다. 당연히 시중은행이나 저축은행보다 부실여신 빈도도 높다. 이 역시 이자율에 반영된다. 손해 보고 장사하라고 할 수는 없는 노릇이다. 금융당국이 이미 조금씩 낮아진 법정최고이자율을 더 낮추라고 하면 대부업체에조차 돈을 빌릴 수 없는 사람도 늘어난다. 이런 사람들은 음성적인 미등록 대부업체를 찾아가게 되고 더 큰 이자를 물어내야 하는 피해를 입는다.

최근에는 저축은행까지 대부업 영역을 침범하고 있다. 정부가 한국자산관리공사를 내세워 운영하는 국민행복기금이 있지만 문턱이 높다는 불만이 많다. 악성 채무자를 생각하면 무턱대고 문턱을 낮추라고 할 수도 없다.

그럼에도 대부업은 엄연히 고리대금업이다. 그러나 절실한 수요자들이 있다. 마냥 욕할 수도 없는 필요악이다.

쏟아지는 파생상품…
이해 못 하는 위험!

외국계 금융회사가 국내 기업에 환율 관련 파생상품을 팔았다. 간단히 말하면 현재 환율이 얼마인데 얼마 이상 오르지만 않으면 돈을 벌 수 있는 구조다. 그런데 문제는 5년 이상 걸친 장기간이다. 당장 전문가들도 반기 경제 전망을 틀리는 마당에 당연히 기간이 길어질수록 위험은 커진다. 기업 입장에서는 환 관리와 파생상품 운용 수익을 노리는 일석이조를 생각했을 것이다. 하지만 금융회사는 기업에 손실 위험을 자세히 설명하지 않았다. 심지어 해당 상품을 매입한 기업은 손실 위험 구간에 환율이 진입했음에도 인지하지 못했다. 소위 불완전 판매였던 셈이다. 이를 두고 감독하는 당국이 어떻게 처벌하느냐를 두고 격론이 벌어졌다. 당초 일정 기간 영업정지였던 처벌 수위가 크게 낮아졌다.

대체 어떤 상품이기에 이런 잡음이 들리는지 궁금해서 상품 설명서를 어렵게 구해 전문가에게 찾아가 설명을 들었다. 내용을 충분히 이해해도 기사를 쓰려니 막막했다. 더군다나 당시에는 기사에 이해를 돕기 위한 그림을 넣을 수가 없었다. 글로만 상품을 설명해야 하는데 써놓고 보니 독자들이 이해할 것 같지 않았다. 글만으로는 작성한 사람조차 이해하기 어려운 내용이 됐다.

이처럼 금융상품은 갈수록 복잡해지고 있다. 가격이 여러 원인에 의해 영향을 받다 보니 위험을 피한다는 명목으로 많은 옵션이 가미된다. 이 옵션이 함정이다. 덕지덕지 붙은 옵션은 당시 금융시장 상황만 보면 일어나지 않을 일 같지만 기간 내에 걸리는 경우가 적지 않다. 국내 모 증권사가 자사의 주가연계증권(ELS)을 알기 쉽게 설명하는 광고를 낸 바 있는데 그 정도의 수준이 아니다. 대출채권이 됐든 부동산이 됐든 기초자산을 유동화시키고 다시 이를 헤지하거나 다른 상품과 묶는 방식, 한마디로 '일파만파 상품'이 파생상품이다. 기초자산에 문제가 발생하면 연쇄적인 반응이 일어나는데 누가 얼마나 손실을 보는지 파악하는 데만 한참 걸린다. 분명한 것은 최초 구조를 만들어 레버리지까지 가미한 설계 측은 손실을 보지 않는다. 이미 다른 방법으로 헤지를 했기 때문이다. 유명 IB들이 이런 식으로 손실을 피해가지만 어설픈 투자자들은 뒤통수를 맞는 경우가 많다. 물론, IB들도 다른 파생상품을 매입했다가 큰 손해를 보기도 한다.

미국 월가와 함께 세계 금융시장의 양대 산맥인 영국 런던가를 감독하는 한 당국자가 씁쓸하게 웃으면서 이런 말을 한 적 있다. "금융시장에는 여러 위험이 있으나 이해 못 하는 위험이 가장 크다."

여전히 알쏭달쏭한 창조경제라는 것이 단순히 공장이나 연구실 만들어주고
IT 분야를 중심으로 초기 사업 자금만 지원해준다고 해서 저절로 달성되는 것은 아닐 터이다.
공유경제의 확산으로 인한 기존 기업의 상품 판매 감소에 어떻게 대응할 것인지 고민해보면
어떻게 지원할 것인지도 답이 나오는데 말이다.

STOP!
공존의 미래를
다시 그리자

/

식량으로 위협받는
일이 없기를

　FTA(Free Trade Agreement)를 우리말로 하면 자유무역협정이다. 국가 간 무역을 하면서 자국 산업 보호 등을 위해 관세를 부과하는데 이를 낮추거나 없애는 것이다. FTA를 찬성하는 쪽은 '시장 개방을 통한 발전'을 내걸고 있다. 좋은 말이다. 경쟁의 효과를 의심하는 것은 아니다.

　그런데 무식한 질문을 하나 해보자. WTO(세계무역기구)가 있는데 FTA는 또 뭔가.

　경제학 교과서를 보자. WTO는 기본적으로 국제무역을 '잘 확대하기' 위해 국가 간 분쟁을 해결하고 새로운 무역 질서 등을 연구하기 위해 1995년에 만들어진 국제기구다. 그동안 ITO(국제무역기구), GATT(관세 및 무역에 관한 일반협정) 등 무역 질서, 나아가 세계 경제의 재편성을 위한 기구들의 바통을 이어받았다.

　이에 대해 장하준 케임브리지대 경제학 교수는 저서 『무엇을 선택할 것인가―장하준, 정승일, 이종태의 쾌도난마 한국경제』에서 쉽고 명쾌하게 답했다. WTO는 다자간 무역 협상체로 1국-1표제를 기본으로 한다. 미국과 같은 선진국 입장에서는 자국의 이익을 앞세워 무역 규정을 정하려고 하지만 표결로는 통과시키기 쉽지 않다. 따라서 후진국이나 개발도상국과 개별 협상을 하려는 것이다. 당연히 선진국이 협상에서 우위를 점하게 돼 있다. 한마디로 미국이나 EU 같은 선진국들이 WTO 내에서는 허용되지 않는 것을 관철하기 위해 FTA를 들고나온 것이다.

이런 FTA를 우리 정부는 체결하지 않으면 발전과 성장을 하지 못하고 도태된다는 위기의식을 잔뜩 불어넣어 국회를 압박했다. 자원이 부족해 수출로 먹고살아야 하는 우리나라가 선진국 말 듣지 않으면 더 힘들어지니까 그냥 따르자는 편이 솔직한 말일 것이다.

스마트폰이나 D램, 자동차 덕분에 우리나라 제조업 기술 수준이 선진국과 같다고 생각하면 잘못된 환상이다. 익히 알려져 있듯이 제조업의 생산성도 낮다. 선진국과의 국민소득 차이처럼 우리나라가 선진국에 대해 비교우위에 있는 품목이 적다.

예를 들어 제약업계가 그렇다. 값싼 복제약을 생산하는 제약사들은 시장이 개방되면 특허 공세를 받게 된다. 정부는 개발을 계기로 신약 개발 등에 눈을 돌리면서 국내 제약업계가 발전할 것이라고 한다. 그러나 2013년까지 매출 1조 원을 달성한 국내 제약사가 한 곳도 없다. 글로벌 신약을 개발해 판매하려면 수천억 원이 소요되고 기간도 길다. 토종 제약사 도태도 걱정이지만 특허 공세로 당장 약값부터 오르게 생겼다.

특히 농수축산업이나 서비스업 부문은 심각하다. 양국 시장이 열리면 경쟁력이 살아난다는 논리가 꽤 설득력 있게 들리지만 발전하기도 전에 도태될 수도 있다. 과거도 마찬가지지만 미래에도 식량은 중요한 자원이자 무기다. 세계적인 화학업체 듀폰(Dupont)이 주력인 화학과 섬유산업을 축소하고 농업과 생명과학을 키우는 이유도 여기에 있다. 농업에 대한 우리 정부의 지원책이 함께 발표됐지만 산업 위축과 모럴 해저드가 반복될 가능성도 크다. 잇따른 FTA 체결로 농수축산업이 위축되면 무기를 놓고 전쟁터에 나가는 꼴이 된다. FTA로 발전이 기대된다는 서비스업도 마찬가지다. 자칫 해외 기업의 하청업체나 분소로 전락할 우려가 크다.

혹자는 선진국과의 FTA 체결로 손해 본 것을 한·베트남 FTA처럼 상대적인 경제 약소국에다 화풀이하자고 한다. 그런데 우리나라는 선진국과 먼저 체결하려고 혈안이다. FTA의 폐해를 본 다른 국가들이 순순히 협상에 응할지 의문이다.

우리나라만 FTA를 체결하지 않고 살 수 있느냐는 반문이 있을 수 있다. 그런데 FTA를 체결하면서 또는 체결 후에 대책을 마련하게 되면 이미 늦게 된다. 분명히 우리는 제대로 된 대책 없이 체결하고 있다. 이미 체결된 FTA도 추가 협상을 통해 보완해나가야 한다.

여기서 의문점 하나. 한·EU FTA나 한·중 FTA 협상 시기에 한·미 FTA 때보다 반대 시위가 상대적으로 뜸했다. EU와 중국에 대해서는 우리가 비교우위에 있다고 생각해서인가. FTA 자체에 문제가 있어서 반대할 것이라면 일관성을 가져야 하지 않나. 내용을 찬찬히 살펴보면 한·중 FTA도 만만찮은 걱정거리를 안긴다. 단지 미국이라서 그렇게 극렬하게 반대한 것이라는 비판을 어찌할 것인가. 이데올로기적 의도를 갖고 한·미 FTA를 반대했다면 FTA 자체에 대한 평가를 더 어렵게 만든 꼴이다.

'사분오열' 강성 노조보다 때로는 '주고받는' 어용 노조가 낫다

대학 시절 총학생회는 NL(민족민주) 계열이 장악했으나 학과는 PD(민중민주) 계열이 주류를 이루고 있었다. 그러나 학과 내에서도 NL 계열 선배들이 동아리를 만들어 총학생회와 보조를 같이했다. 입학과 동시에 치열한 신입생 쟁탈전이 벌어졌다. 아무것도 모르는 신입생들은 인간적인 매력에 끌려서, 혹은 술과 밥을 잘 사주는 선배를 따라서 '소속'을 정했다. 나름 치열한 사상 투쟁을 경험한 선배들이 '소속'이 다르면 함께 식사도 하지 않는다는 것을 알아챈 것은 얼마 지나지 않아서다. 소위 전교조 1세대이자 신세대로 지칭된 신입생들은 학과 통합을 위해 공청회 비슷한 단합 회의를 제의했다. 그때는 그만큼 순진했고 순수했다. 그러나 간극만 확인했을 뿐 시간이 지나면서 후배들도 한계를 극복하지 못하고 '소속' 선배들의 길을 따랐다. 군 제대 후 복학하니 소위 운동권은 더 갈라졌다. 중도라는 정체를 알 수 없는 세력도 등장했고 미약하지만 이런저런 이론을 버무린 짬뽕파도 나타났다. 다른 학교에서는 비운동권이 총학생회를 장악하는 사례도 심심찮게 등장했다.

20여 년 전 일인데도 오늘날 노동 운동 내부는 학생 운동권과 크게 다르지 않다. 아니 마치 세포 분열하듯이 오히려 더 분열됐다. 끝없는 사상 투쟁이 지난 후에는 서로 비민주적이라며 손가락질한다. 사실 분열의 가장 큰 원인 중의 하나가 의사결정의 비민주성과 경직성이다. 예를 들어, 개별 사업장에서는 파업 찬반 투표를 하지만 정치성이 짙은 총파업 투쟁에는 산별 노조 소속이라면 무조건 따라야 했다. 개별 사업장 사정이 다른데 '명령'을 따르자니 여러 문제가 발생했다. 특정 사안이나 상황을 받아들일 수 없는 것이다.

대규모 사업장 노조는 이러한 분열의 축소판이다. '사상이 다른' 전임자들끼리는 함께 식사도 하지 않는다. 한쪽 전임자가 잘못을 저지르면 처절한 공격을 받는다. 반대를 위한 반대를 하는 행태는 모든 국민이 비판하는 국회 모습과 다르지 않다. 가끔 총파업 명령이 떨어지면 뭉치는 척한다. 물론, 하나의 이익을 위해 잘 뭉치는 보수 우익이 미덕이라는 말은 아니다. 겪은 일이 다르고 태어나 자란 환경이 다른 사람의 생각과 반응이 어떻게 같을 수가 있겠는가.

그러나 노조의 '나 잘난' 지도부가 사분오열되면 사용자도, 노동자도, 기업 자체도 괴롭다. 과거에는 '분열 획책'을 쓰는 사용자도 많았지만 점점 더 노조 스스로 분열되는 경우가 많아졌다. '보수는 썩어서 망하고 진보는 분열해서 망한다'는 말이 있다. 썩음과 분열이라는 단어보다는 망한다는 단어가 주는 무서움을 알아야 한다. 의견

을 좁히지 못하면 이 방문을 나갈 수 없다는 식으로 끝장토론이라
도 해야 한다. 분열된 강성 노조보다는 차라리 사용자와 '거래'해서
어느 정도 양보하고 또 어느 정도 얻어내는 어용 노조가 모든 주체
에게 나을 수도 있다.

'블랙컨슈머'
경제 시민단체

블랙컨슈머(Black Consumer)는 기업 등을 상대로 부당한 이익을 취하고자 제품을 구매한 후 고의적으로 악성 민원을 제기하는 자를 말한다. 한마디로 많은 돈이나 보상을 노리고 피해를 과장해 협박하는 것이다. 심지어 고의로 훼손하는 사례도 적지 않다. 과거에는 사이비 언론사를 끼고 기업에 협박하는 사례가 많았으나 최근에는 SNS의 발달을 이용해 기업 입장에서는 소비자 한 명이 무섭다고 한다. 경제가 어려워질수록 이런 범죄는 기승을 부린다.

셀 수 없이 많은 경제 관련 시민단체도 마찬가지다. 기업의 약점이나 문제점에 압력을 행사한 시민단체가 해당 기업으로부터 협찬금을 받기도 하고, 간부가 이해당사자로부터 금품을 수수하는 일도 심심찮게 일어난다. 악성 블랙컨슈머와 다를 바가 없는 셈이다. 대놓고 돈을 받으면 문제가 되니까 바자회 등을 통해 '합법적'으로 돈을 받아내기도 한다. 주최 측도 누가 돈을 내는지 잘 알고 있다.

왜 이런 문제가 발생할까. 시민단체는 특정 사안에 문제의식을 갖고 시민들이 자발적으로 만드는 단체다. 그러나 소수가 모여 인위적으로 만든 곳도 적지 않다. 경제 관련 시민단체는 경제전문가는 물론 운동가, 활동가 몇몇이 설립하는 경우가 많다. 다수 시민의 참여가 아닌 만큼 당연히 자금 압박을 받게 된다. 상황이 이렇다 보니 '당하는' 기업 입장에서는 간부급 한두 명만 공략하면 무력화할 수 있다고 생각한다.

또, 시민단체의 영향력이 강화되면서 이를 정치적으로 이용하는 세력도 있다. 심지어 정부와 기업도 시민단체를 통해 목적을 달성하기도 한다. 특정 사안에 대한 여론을 유리하게 이끌기 위해 '임시로' 만든 시민단체도 있을 정도다. '시위꾼'처럼 '시민단체꾼'도 있다.

많은 이해관계로 얽혀 있는 경제 분야에서 시민단체는 반드시 필요하다. 경제 주체, 특히 경제 권력을 가진 자들을 감시해야 하는 언론이 제 역할을 하지 못하기 때문이다. 유럽에서는 시민단체를 대안 언론으로 보기도 한다. 국내에도 훌륭한 경제 시민단체가 많다. 정부의 거짓말, 대기업의 거짓말을 지적하고 시정토록 하는 중요한 역할을 한다. 어떤 전문가도 생각하지 못한 대안을 제시하고 눈에 띄는 분석을 내놓기도 한다. 하지만 몇몇 사이비 시민단체 때문에 도매급으로 욕을 먹는다. 시민들의 자발적인 참여가 있어야 하는데 대부분 먹고살기 바빠 외면하게 된다. 우리는 경제력보다 정신적으로 더 여유가 없다. 아직 시민 사회의 참여가 무역 규모 등 세계 몇 위 타이틀에 걸맞은 수준까지는 올라서지 못한 탓이다.

바보야
중국이야

　여전히 경제 및 금융 관련 외신의 대부분은 미국발 뉴스다. 일부 언론은 중국 특파원 수를 늘리고 중국 소식만 전문적으로 다루는 지면을 할당하고 있으나 여전히 우리는 양이나 깊이에서 미국에 경도돼 있다. 언론사 내부에서도 뉴욕 특파원은 요직 중의 요직이다. 자녀 교육이나 언어(아무래도 영어가 친숙하다) 문제 등으로 여전히 베이징 특파원보다 뉴욕 특파원이 선호된다. 중국의 대기 오염 문제가 끔찍한 탓도 있다. 따라서 미국 정책 당국자는 말할 것도 없고 미국 대학 경제학 교수의 한마디, 한마디도 생중계된다. 각종 경제지표나 지수는 국내 금융시장에 영향을 미친다. 직접적인 영향도 있으나 심리적인 요인도 크다.

　세계의 중심통화인 달러를 발행하는 국가니까 당연한 일이다. 경제뿐만 아니라 정치와 문화 쪽으로도 미국의 영향력은 여전히 세계 곳곳에 미치고 있다.

그러나 우리나라가 가장 집중적으로 모니터링해야 할 국가는 중국이다.

중국 관련 소식이 늘어나고는 있으나 미국보다 중국을 잘 안다고 할 수 있을까. 경제와 금융 관련 소식도 단편적인 내용이 많다. 제대로 된 분석은 가끔 전문가들한테 듣는 정도다. 한-중 무역 규모는 이미 한-미의 두 배에 달한다. 중국인 관광객이 우리나라 백화점과 호텔, 화장품 회사 등을 먹여 살리고 있다고 해도 과언이 아니다. M&A 시장에서 우리나라 기업을 인수하는 중국 기업도 크게 늘어나고 있다. 중국인 투자로 인해 한때 '집 사면 손해'라던 제주도의 부동산 가격도 치솟고 있다. 기업들은 이미 중국을 향해 있다. 최근 개장한 국내 쇼핑몰과 놀이시설조차도 중국인 관광객을 타깃으로 설계했다는 후문이 들린다.

산업통상자원부에 따르면 지난해 우리나라에 가장 많이 투자한 국가는 미국(36억1천만 달러), 일본(24억9천만 달러), 네덜란드(24억 달러), 싱가포르(16억7천만 달러) 순이었다. 중국은 11억9천만 달러로 국가별로는 4위 정도다. 전년 대비 증가율 면에서도 싱가포르 288%, 중국 147.2% 등으로 다른 지역과 국가를 압도한다. 싱가포르와 홍콩을 경유한 중국 자금도 상당한 것으로 분석된다. 중화권 국가가 우리나라에 투자한 금액은 30억 달러를 넘어선다.

거의 모든 산업 분야가 중국과 연결돼 있을 뿐만 아니라 깊고 넓게 관여돼 있다. 비관적인 시나리오 하에 중국 경제에 쇼크가 오면 2008년 미국 서브프라임 모기지 사태와는 비교도 되지 않을 것이라고 많은 전문가가 지적한다. 중앙정부가 말릴 정도로 지방정부의 과잉투자는 계속 이어지고 있고 금융권 부실채권 규모는 가늠조차 되지 않는다. 회계의 불투명성 때문에 가끔 문제가 된다. 혹자는 '중국민에게는 미안한 말이지만 정치적 민주화가 이뤄지면 그동안 누르고 있던 부실이 튀어나오면서 전 세계 경제에 쇼크를 가져다줄 것이라고 말하기까지 한다. 중국 산업은 양적 축적을 넘어 질적 변화의 단계에 있다. 고부가가치 산업으로 빠르게 이행해야 큰 덩치를 유지할 수 있다. 만약 이러한 중국 경제가 경착륙할 경우 우리나라나 미국뿐만 아니라 세계적인 대공황 가능성도 배제할 수 없다. 중국이 미국 국채를 내다 팔면 금리 급등으로 누가 최종 소비자인지도 모르고 기초자산 위에 끝없이 쌓아올린 파생상품도 망가진다. 세계 경제가 패닉에 빠지는 것이다.

낙관적인 시나리오 하에서는 더욱 중국에 신경 써야 한다. 중국이 고도성장을 구가할수록 국내 산업에 미치는 영향력이 커지기 때문이다. 중국인 투자자를 접해본 시장 전문가들은 이구동성으로 '국내 투자자보다 더 까다롭고 생각지 못한 부분을 지적하기도 한다'고 전한다. 예전부터 왕 서방의 장사 수완은 유명하지 않았던가.

따라서 중국을 밀착 감시해야 발생할 수 있는 여러 시나리오에 대비할 수 있다. 그렇다고 미국 정보를 버리고 중국만 보자는 의미는 아니다. 적어도 중국의 그것이 미국발 뉴스나 정보 수준까지는 와야 한다. '예의 주시한 미국의 서브프라임 모기지 사태에도 당했는데 대비가 되겠느냐'고 반문할 수 있다. 물론 좋든 나쁘든 경제 쇼크를 완벽하게 대비하는 것은 불가능한 일이다. 그러나 상대국을 아는 상황과 모르는 상황은 사후 대처 방법에 큰 차이가 있다. 필자가 일 관계로 우리나라에서 가장 비싸다는 호텔에서 손님을 기다리고 있었는데 로비에서 온통 중국말만 들렸다. 호텔 직원과 필자만 한국인이었다. 명동이나 백화점, 관광호텔뿐만 아니라 특급호텔도 이미 중국인들로 넘쳐난다. 그런데 우리는 조정래 씨의 소설 『정글만리』에서 현재 중국의 경제와 비즈니스의 현실을 가장 많이 배웠다. 뭔가 잘못됐다.

푸른 바다는
없지만

실업 문제와 관련해 잠깐 언급했었지만 우리나라에서는 이제 거의 모든 업종이 '레드오션'에 빠져있다. 우수한 청년 인력들이 창업의 길로 들어서고 있고 명예퇴직, 희망퇴직으로 나온 경력자들도 호시탐탐 새로운 길을 찾고 있다. 따라서 새로운 시장이 창출된다고 해도 블루오션은 눈 깜짝할 사이에 붉은빛으로 물든다.

대부분 자금력이 부족해 아이디어와 몇 가지 IT 기술만으로 대박을 꿈꾼다. 해외로는 페이스북과 구글, 국내로는 네이버 등을 지향한다. 그러나 IT 강국이라는 우리나라에서는 사업 초기부터 다른 경쟁자들이 들끓는다. 모바일 시대에 신선한 아이디어를 가진 애플리케이션 개발 회사들이 대거 등장하고 있는데 비슷한 회사들이 매일 몇 개씩 나타나고 있다. 결국은 상위 3~4개 회사만 살아남고 나머지는 흐지부지되거나 다른 길을 찾게 된다. 과거보다 IT 대박을 터뜨리기가 어렵게 됐다

음식점으로 대변되는 영세 자영업은 물론이고 제법 덩치가 있는 기업도 국내외에서 치열한 경쟁을 벌여야 한다. 음식점을 예로 들어보자. 특화된 조리법과 유통·물류망으로 개별 음식점보다 경쟁력 우위에 있는 프랜차이즈 사업조차 시장 매물로 대거 등장했다. '먹는 장사하면 굶지는 않는다'는 말이 통하지 않은 지 오래다. 2014년 국정감사 자료에도 대표적인 생계형 창업인 숙박·음식점의 경우 창업 1년 후 절반이 조금 넘는 55.3%가 생존하고 3년 후에는 28.9%, 5년이 지나면 17.7%만 살아남는다고 한다. 창업자 10명 중 2명 정도만 5년 후에도 계속 유지하고 있다는 말이다. '사장 본인의 인건비만 건져도 훌륭'하다는 말도 들린다. 올해 상반기에도 금융업종을 필두로 많은 기업이 구조조정을 단행했다. 앞으로 또 얼마나 많은 음식점과 숙박업소들이 명멸할지 모른다.

정부가 중소기업 적합 업종을 정해 대기업에 철수토록 하고 진입 장벽을 쌓았지만, 해당 업종에서 경쟁력 있는 기업이 다시 대기업 행세를 하기 때문에 결국 시간이 지나면 똑같은 상황이 된다. 또 대기업이 지분 분산 등 위장을 통해 해당 업종을 얼마든지 영위할 가능성도 있다.

상대적으로 규모가 있는 사업을 하는 대기업도 마찬가지다. 이익이 많이 남는다고 하면 바로 중국 등에서 경쟁업체가 등장한다. '따라올 테면 따라와 봐' 했다가는 수년 내에 결국 따라잡힌다. 첨단산업에서조차 기술 카피는 더 빠르고 쉽게 이뤄지고 있다. 특허법 관련 변호사들만 호황이다.

그렇다면 레드오션이 겁나니 가만히 있어야 할까.

진입 장벽이 낮고 플레이어가 많은 사업을 하고 있는 기업이나 개인은 차별화된 아이디어가 1년 이상 나오지 않는다면 나중에 팔기 어려워질 때까지 기다리지 말고 빨리 접어야 그나마 돈이라도 건질 수 있다. 번뜩이는 아이디어로 새로운 사업을 시작해 한마디로 '대박'을 쳤다면 곧바로 다른 사업 아이디어를 구해야 한다. 특히 적은 자본으로 창업할 수 있는 IT 관련 업종은 '대박'일수록 순식간에 많은 경쟁자와 마주하게 된다. 물론 말처럼 쉽지 않다. 그럭저럭 먹고 살 만하면 개인이든 기업이든 기존 사업을 계속 붙잡고 싶을 것이다. 그러나 산업이 고도화될수록 일자리가 줄어드는 것은 피할 수 없다. 당연히 '돈이 되는' 사업에 뛰어드는 플레이어가 늘어나게 된다. 우리나라에서, 아니 세계적으로 잘나가는 삼성그룹도 새로운 성장 동력을 찾아 사방팔방으로 뛰고 있지 않은가. 구글과 아마존, 페이스북 등이 M&A를 계속하는 이유도 여기에 있다.

/

공유경제를 대기업은
감당할 수 있나

우버 택시 논란으로 공유경제(Sharing Economy)가 다시 주목을 받고 있다. 서울시는 우버 택시가 오히려 공유경제 가치를 훼손하고 있다며 신고 포상금까지 내걸었다.

공유경제는 한번 생산된 제품을 여럿이 공유해서 쓰는 협력 소비를 기본으로 한 경제 방식으로 정의된다. 영화 『로맨틱 홀리데이』에서는 LA에서 잘나가는 영화 예고편 제작자 카메론 디아즈와 영국 잡지사 직원인 케이트 윈슬렛이 휴가 기간에 현실과의 도피처로 각자 집을 바꿔서 보내기로 하면서 벌어지는 에피소드를 다룬다. 해외로 휴가를 가게 되면 가장 큰 비용 중에 하나가 숙박비인데, 이들은 교통비와 식료품비만 쓴 셈이다. 남에게 집을 빌려주는 찝찝함만 참는다면 말이다.

만약 이러한 행태가 확산된다면? 유명 휴양지는 몰라도 적어도 도심이나 교외의 유명 호텔 등 숙박업소들은 고객 감소를 겪게 될 수도 있다.

또, 비즈니스 관계로 출장을 자주 가야 하는 사람들끼리 정보를 공유해 서로 차를 바꿔 타는 경우도 있을 수 있다. 국내에서도 자가용을 자주 사용하지 않는 사람이 차를 대여해주고 다른 것을 빌릴 수도 있다.

물론, 사고 시 보험 처리 등 유·무형의 인프라가 아직 갖춰 있지 않아 확산되려면 꽤 시간이 걸릴 것이다. 상호 간 신뢰가 바탕이 돼야 하는데 몇몇 사기꾼 때문에 적잖은 잡음도 발생할 것이다.

그럼에도 공유경제가 확산될 것이라는 예상이 많다. 이 패러다임이 대량생산과 대량소비로 굴러가던 자본주의를 대체할 것이라는 주장도 심심찮게 나온다. 『노동의 종말』의 저자로 유명한 제레미 리프킨은 저서 『한계비용 제로 사회』에서 공유경제의 확산을 예상했다. 재화와 서비스의 생산, 유통 과정에서 실시간으로 많은 정보를 수집하는 이른바 '사물인터넷(IoT: Internet of Things)'이 재화나 서비스를 한 단위 더 생산하는 데 추가비용을 발생시키지 않는다. 한계비용을 거의 0으로 만드는 것이다. 물건들끼리 정보를 주고받으면서 유통, 재고관리 비용을 혁신적으로 줄인다. 여기에 생산성까지 더해서 한계비용이 거의 0으로 수렴하면 상품 가격이 크게 낮아지고 기업 이윤도 거의 발생하지 않는다. 이렇게 되면 가격 결정권을 가진 독점 기업만이 살아남게 된다. 따라서 리프킨은 시민단체와 조합처럼 수익에 얽매이지 않고 사회적 가치를 나누는 공유경제가 번창할 것이라고 예상했다. 이렇게 되면 공유경제가 자본주의 자체를 대체

할 것이라고 주장했다.

말이 어렵지 사실 공유경제의 역사는 오래됐다. 그리고 계속 확산되고 있다. 중고 제품을 인터넷 장터에서 직거래로 매매하는 일도 하나의 공유경제다. 어차피 집에 놔두면 쓰레기라고 생각해 아예 공짜로 기부하거나 상징적인 가격만 받는 사람들도 늘고 있다. 인기리에 방송되고 있는 '슈퍼맨이 돌아왔다'라는 프로그램에서는 삼둥이 아빠와 쌍둥이 아빠가 작아서 입지 못하게 된 아기들 옷을 직접 장터에서 팔고 수익금을 기부하는 장면이 있었다. 공유경제의 한 단면이다. 정부도 환경 보호 차원에서 중고 거래 사이트를 운영하기도 한다.

그렇다면 대량소비에 기대 대량생산을 하면서 이윤을 얻는 기업들은 이런 상황에서 어떻게 할까. 소비가 감소하면서 당장 매출이 감소하고 수익성 압박에 시달릴 것이다. 이를 메우기 위해 생산비용을 더 낮추려고 노력할 것이다. 비용 낮추기 경쟁에서 도태되는 기업도 속출한다. 뻔한 상품을 뻔한 생산과정과 유통과정으로 공급하는 기업은 말할 것도 없다. 결국, 기술과 생산시설에 끊임없는 투자가 가능한 기업, M&A 등 덩치 키우기로 규모의 경제를 실현하는 기업, 공유경제를 새로운 사업적 기회로 보고 적극적으로 참여하는 기업 등이 살아남을 가능성이 크다.

규모의 경제를 위한 덩치 키우기가 어려우면 새로운 아이디어로 수요를 창출하는 기업도 등장할 것이다. 예를 들어, 공유경제는 상호 간의 신뢰를 바탕으로 움직여야 하지만, 장치적 보완을 위해 안전거래 솔루션을 개발할 필요가 있다. 정보 교환을 위한 네트워킹 기술은 이미 계속 개발되고 있다. 또, 새로운 보험상품도 등장해야 한다. 소규모이지만 가장 공유경제가 활발하게 진행되는 장난감을 전문적으로 살균하는 제품도 나타날 수 있다. 이미 자동차 회사들이 중고차 가격 보장 솔루션을 내놓고 있듯이 새로운 제품만 출시하던 형태에서 폐차까지 전 과정에 적극적으로 참여하는 형태로 바뀔 수도 있다.

우버 택시 논란에서 보듯이 아직은 공유경제에 대한 법·제도 등 인프라가 미비하고 사람들의 인식도 따라가지 못하고 있다. 기존 패러다임의 상당한 저항도 있을 것이다. 그러나 이 막연하게 보이는 공유경제가 적어도 곳곳에서 많은 문제점을 노출하는 대량생산·대량소비 체제의 상당 부분을 보완할 가능성이 크다. 기업 경영자는 자신의 기업이 현재 어떤 위치에 놓여있고 공유경제에 어떻게 적응 또는 발전할 수 있을지 고민해야 한다. 또 새로운 사업 기회의 포착도.

다품종 소량생산을
외면했다가는…

  흔히 미식가나 조금이라도 음식 맛을 중요시하는 사람들은 수많은 종류의 음식을 써놓은 메뉴판을 신뢰하지 않는다. 한두 가지 전문 음식으로 승부하는 식당이 훨씬 맛있다고 경험으로 알고 있기 때문이다. 실제로도 그런 경우가 많다.

  그러나 매번 전문 음식점을 찾아다닐 수도 없는 법. 또 딱히 메뉴를 고를 기분이나 식욕이 아니라면 일단 여러 종류의 음식을 서비스하는 곳에 가서 고민한다. 여럿이서 입맛이 다를 때도 그런 '밥집'을 찾는다. 각자 개성도 넘치고 기호도 다양하기 때문에 다른 사람 눈치 보면서 메뉴를 따라가지도 않는다. 일본식 선술집 이자카야가 계속 늘어나는 이유도 다양한 메뉴를 찾는 손님이 많아졌기 때문이다. 게다가 포화 상태인 자영업 중에서도 가장 경쟁이 치열한 요식업이기에 여러 종류의 음식을 꽤 맛있게 내놓는 집도 늘었다. 메뉴마다 새로운 재료와 맛을 가미한, 전에 못 보던 식당도 등장했다.

이러한 식당도 전문화된 다품종 소량생산 사업체라고 할 수 있다.

3D 프린팅 기술이나 조립식 생산설비 기술, 컴퓨터를 통해 한결 쉽고 빨라진 설계 기술 등등으로 다품종 소량생산 사업을 영위하는 기업들이 많아졌다. 가내수공업이 아니라 많은 종류의 상품을 세계의 많은 고객에게 제공하기도 한다. 물론 대량 생산-대량 소비를 미덕으로 성장해온 대기업 입장에서 흔쾌히 뛰어들기는 어렵다. 특히 국내 대기업은 다품종 소량생산 사업에 관심이 많지만 굳어진 설비나 인력을 재조정하는 데 빨리 대응하지는 못하고 있다. 사실 투자에 비해 수익이 보장되지 않는 면이 더 크다.

그러나 다품종 소량생산이 성장 기반으로 자리매김할 시대가 다가오고 있다. 비단 스마트폰뿐만 아니라 TV를 비롯한 가전, 사물인터넷(IoT) 등에도 여러 조건에 따른 다양한 제품 수요가 늘어나고 있는 것이다. 다품종 소량생산은 소비자의 주문에 따라 공급 상품을 맞춰주는 것이기 때문에 거래처가 고정되는 경우가 많다. 시장 선점이 무엇보다 중요하다는 말이다. 글로벌·다국적 기업은 이미 오래전부터 이를 간파하고 발 빠르게 움직였다. 구글에 매각된 모토로라는 '아라 프로젝트'라는 팀을 중심으로 조립식 휴대폰 개발 사업에 주력해왔다. 구글은 모토로라를 중국의 레노버에 매각했으나 해당 팀과 기술은 팔지 않았다. 대표적인 다품종 소량생산 분야인 전력반도체에서 세계 1위는 독일의 인피니언. 이 회사는 180여 종이 넘는 전력반도체를 생산한다고 한다.

국내 실정은 어떤가. 여러 신기술을 바탕으로 다품종 소량생산

기업이 늘어나고는 있으나 너무 파편적으로 진행되고 있다. 예로 든 3D 프린팅 전문기업이나 전력반도체 부문도 마찬가지다. 나름 신기하고 기특한 기업도 있으나 글로벌 기업과 경쟁하는 것이 쉽지는 않다. 정부의 지원과 대기업의 공동개발, 판로 개척이 함께 이뤄져야 한다.

여전히 알쏭달쏭한 창조경제라는 것이 단순히 공장이나 연구실 만들어주고 IT 분야를 중심으로 초기 사업 자금만 지원해준다고 해서 저절로 달성되는 것은 아닐 터이다. 앞서 언급한 공유경제의 확산으로 인한 기존 기업의 상품 판매 감소에 어떻게 대응할 것인지 고민해보면 어떻게 지원할 것인지도 답이 나오는데 말이다. 아직도 시장 불확실성이라는 이유로, 때로는 대기업이 이미 검토한 사안이라면서 보류되는 사업이 너무 많다.

참고문헌

단행본

- 마거릿 헤퍼넌, 『경쟁의 배신』, 김성훈 옮김, 알에이치코리아, 2014년.
- 선대인, 『선대인, 미친 부동산을 말하다』, 웅진지식하우스, 2013년.
- 안충영, 『빗장을 풀어야 한국이 산다』, 박영사, 2007년.
- 앨런 와이즈먼, 『인구 쇼크』, 이한음 옮김, 알에이치코리아, 2015년.
- 자크 아탈리, 『미래의 물결』, 양영란 옮김, 위즈덤하우스, 2007년.
- 장하준·정승일·이종태, 『무엇을 선택할 것인가』, 부키, 2012년.
- 제레미 리프킨, 『한계비용 제로 사회』, 안진환 옮김, 민음사, 2014년.
- 켄 피셔·라라 호프만스, 『켄 피셔, 투자의 재구성』, 김태훈 옮김, 프롬북스, 2011년.
- 토마 피케티, 『21세기 자본』, 장경덕 옮김, 글항아리, 2014년.
- 한국갤럽조사연구소 편집부, 『한국인의 종교』, 한국갤럽조사연구소, 2015년.

학술자료

- 경제협력개발기구(OECD), "소득 불평등이 경제성장에 미치는 영향(Does income inequality hurt economic growth?)", OECD 홈페이지 Focus on Inequality and Growth, 2014년 12월 9일, http://www.oecd.org/els/soc/Focus-Inequality-and-Growth-2014.pdf

- 경제협력개발기구(OECD), "한눈에 보는 사회 2014(Society at a Glance 2014)", OECD 홈페이지 Social and welfare issues, 2014년 3월, http://www.oecd.org/social/societyataglance.htm

- 국회예산정책처, 『자영업자의 소득 탈루율 및 탈세규모의 추정』, 연구보고서 제18호, 2014년 2월.

- 김낙년·김종일, 『한국의 고소득층(Top Incomes in Korea, 1933-2010: Evidence from Income Tax Statistics)』, 『WP 2014-03』, 낙성대경제연구소, 2014년 6월.

- 성병묵·강만호·김현만, 『가계와 기업소득간 격차확대의 원인 분석』, 『조사통계월보』 통권793호(68권 12호), 한국은행, 2015년 1월.

- 스탠더드앤드푸어스(S&P), 『늘어나는 소득 불평등이 어떻게 미국 경제성장을 가로막고 있는가, 그리고 흐름을 바꿀 수 있는 방법들』, 거시경제 분석 보고서, 2014년 8월.

- 아시아개발은행연구소(ADBI), 『아시아의 불균형 심화 및 정책적 의미(Rising Inequality in Asia and Policy Implications)』, 2014년 3월.

보도자료

- 부좌현, "숙박·음식점 자영업자, 82.3% 5년 내 폐업", 부좌현 새정치민주연합 의원 공식사이트 보도자료 모음, 2014년 10월 11일, http://www.bjh2080.co.kr/w4y/board.php?pcode=03_03&no=108

- 산업통상자원부, "2014년 외국인직접투자 사상 최고 실적 달성", 산업통상자원부 홈페이지 알림·뉴스 보도자료, 2015년 1월 5일, http://www.motie.go.kr/motie/ne/presse/press2/bbs/bbsView.do?bbs_seq_n=156882&bbs_cd_n=81

- 통계청, "2014년 12월 및 연간고용동향", 통계청 홈페이지 새소식 보도자료, 2015년 1월 14일, http://kostat.go.kr/portal/korea/kor_nw/2/3/1/index.board

- 통계청, "2015년 1월 고용동향", 통계청 홈페이지 새소식 보도자료, 2015년 2월 16일, http://kostat.go.kr/portal/korea/kor_nw/2/3/1/index.board

신문기사

- 김준일·손영일, 『140兆 투입 R&D 열매가 없다』, 『동아일보』, 2015년 2월 23일, A1면.
- 유성용, 『100대 기업 경기침체에도 기부금 22% 늘려』, 『CEO스코어데일리』, 2014년 3월 23일, http://www.ceoscoredaily.com/news/article.html?no=5621